BE HERE NOW BOOKS

スポーツが教えてくれる

人生という試合の歩み方

辻秀一

内外出版社

カバーデザイン／城所潤（ジュン・キドコロ・デザイン）
本文デザイン・ＤＴＰ／伏田光宏
編集協力／若狭和明・吉田遊介（スタジオポルト）

はじめに

本書でみなさんにお伝えしたいことは、人間がより豊かに生きるために大切な原理原則について、人間が生み出した〝スポーツ〟を通してより効果的に知ることができるのだ、ということです。スポーツによってそれらに気付き、スポーツに触れて人生を心豊かにしていきましょうということをお伝えしたいのです。

私が考える人間の普遍的な仕組みとは、大きく分けると次の４つになります。

1つ目は、人間は「みんな一緒でみんな違う」ということ。世界中には70億人がいて、この地球というグラウンド、ピッチ、アリーナで、つまりみんなそれぞれがさまざまな国・地域で生きています。そんな中、私たちはお互いの違いばかりに目がいき、相違について議論しがちです。

確かにみんな違います。しかし、みんな同じ人間としての構造を持って生きているということは同じです。ただ、この根幹である同じ構造や仕組みの部分がすぐに見えなくなってしまうのが人間です。同じだからといってみんながまったく同一なのではなく、それぞれが同じ構造の中で違いを表現しあって生きているのです。

2つ目は、人間の普遍的な共通の仕組みが「脳」だということ。どんな人でも「認知」といわれる文明的な脳の仕組みを持っています。結果や勝利、成功を追い求め、違いを強調していこうという脳の機能が搭載されているのです。この脳は〝量〟を追及し続けて、〝質〟や見えないものを疎かにしてしまうという傾向があります。そして、この脳は人類の歴史において暴走を繰り返し、私たち人間をある意味において発展させてきました。その一方では苦しめているという事実が人間社会にはあるのです。

3つ目は、「脳」とともに、「心」の存在があるということ。どんな人にも心の状態があり、何かのパフォーマンスを行って、それに対しての結果を得ているということ。それはすべての人に共通していることなのです。心があって、パフォーマンスがあって、そして結果があります。ただ、先ほど申し上げたように文明世界で要求される脳の機能ゆえに、結果ばかりに脳が支配されてしまい、人間が持っている感情や心の存在が疎かになりやすいのです。つまり、心が後回しにされやすいということです。しかし、この〝心〟を抜きに人間を語ることはできません。ただ、残念ながら、ほとんどの現代人は〝心〟を抜きに日々の生活を送っているのです。

そして、**4つ目は人間には愛と進化の「スキル」があるということ**。人間はさまざまな後天的スキルを練習や経験によって獲得していく素晴らしい生き物です。そのスキルを使うことで文明を発展させてきました。一方で、その後天的スキルとは違い、先天的に誰もが有しているスキルがあります。たとえ練習をしなくても本来誰にも備わっている、この先天的スキルこそが〝愛と進化のスキル〟です。

〝愛〟は人間関係におけるスキル、〝進化〟とは自分自身の存在意義におけるスキルです。この先天的に備わった2つの普遍的な人間としてのスキルが、人間と人間社会を豊かにするスキルなのです。しかし、心の状態が整っていないと、この素晴らしいスキルも発揮されずに本来の人間らしさを損ねてしまうのです。

これらの人間としての重要な原理原則をよく理解し、〝人生という試合〟を歩んでいくことが、すべての人の〝生きる権利〟であり〝義務〟でもあるのです。このすべての人の権利と義務を果たして、一度きりの人生を充実させるためのヒントを教えてくれるのがスポーツだ！　というのが、スポーツドクターである私の思いであり志です。

スポーツは、以上の4つのことを私たちにわかりやすく教えてくれる存在です。しかし、スポーツからそのようなメッセージをくみ取るためには、色眼鏡を外してスポーツを今一度見つめなおすことが大事なのではないでしょうか。この本を通して目から鱗が落ちるようにスポーツに対する考え方が変わり、本書がみなさんの**「人生という試合の歩み方」**のバイブルとなってきっと役立つと信じています。

「人間はみんな同じでみんな違う！」
「人間は認知脳という文明脳で生きていてその暴走で苦しむ！」
「人間には心がありパフォーマンスがあって結果がある！」
「人間は愛と進化の先天的スキルでできている！」

私がお伝えしたい、この人類の普遍的な原理原則がスポーツではとてもわかりやすく感じ、学ぶことができます。

例えばパラリンピックを観れば、自分自身が障がい者であろうがなかろうが、老若男女誰も、すべてのこの原理原則を感じることになるでしょう。障がいという言葉すらがナンセンスであり、勝敗という言葉すらナンセンスであって、ある時は陳腐《ちんぷ》なものなのだと。一人ひとりの成長と、そしてお互いの愛によって、すべてのスポーツ活動は支えられているのだと。また、結果はその人、そのチームの心技体の象徴であり、それらを磨くことによって表現されたパフォーマンスの産物であるのだと。さらには、練習やチームワークによって不可能を可能にするのだと。

スポーツにはこれらのメッセージが詰まっています。そして、私たちを魅了し、私たちに語りかけているのです。そのスポーツの語りかけに、まず私たちは真摯な態度で向き合い、耳を傾けてほしいと願います。


２０２０年には東京でスポーツの祭典、オリンピックが約半世紀ぶりに開催されます。この時、私たち日本人は、どのようにスポーツを考え、捉え、表現するのか。それは日本の品格のひとつとして問われています。

２０１６年のリオオリンピックの開会式で、ＩＯＣのトーマス・バッハ会長のスピーチが私の胸を打ちました。真にスポーツの価値を多くの日本人が理解して、２０２０年に東京オリンピックを迎えたいものだと感じ、その思いを本書にぶつけています。

スポーツに触れたことのある人、スポーツが大好きな人はもちろん、スポーツに縁遠かった人、あまり得意じゃない人、好きじゃない人も、ご自身の「人生という試合の歩み方」のヒントがスポーツにあるのだと思って本書を手に取っていただければ幸いです。


「南米大陸で初めて開催される五輪は、ブラジルから世界へと広がるだろう。組織委、あらゆるレベルの政府機関、そしてすべてのブラジル人がこれを誇りに思っているだろう。

五輪を通じてブラジルのみなさんは、たった7年で何世代も前の人々が夢見ることしかできなかったことを成し遂げた。リオデジャネイロを近代的な都市へと変えていった。私たちは大きな敬意を払う。ブラジルの歴史において、たいへん困難な時期にみなさんは多くを成し遂げたからだ。私たちは常にみなさんを信頼していた。

あなたがたのスポーツに対する情熱と生きる喜びは私たちを励まし、奮い立たせてる。この偉大な国ブラジルで、ともに五輪を祝おうではないか。ブラジルならではの五輪精神をもっともよく伝えているのが、多くのボランティアだ。ボランティアのみなさん、ありがとう。

私たちは危機と不信に溢れた不確実な世界に生きている。しかし、五輪が示す答えとは次のようなものだ。世界最高の1万人のアスリートたちが互いに競いながらも、選手村で平和にすごし、食事や気持ちを分かち合っている。

この五輪の世界では、すべての人に一つの普遍的な法則が適用される。この五輪の世界ではみな平等だ。この五輪の世界では、人類共通の価値は、私たちを分断しようとする力よりも強い。そこで五輪選手にこう呼びかけたい。自分自身を大切に、お互いを尊敬しあい、五輪の価値を尊重してほしい。これらの価値が五輪を比類なきものにしている。

私たちの住む世界では利己主義が幅を利かせ、一部の人々が他者より優れていると主張している。しかし五輪が示す答えとは次のようなものだ。五輪の連帯の精神にもとづき、大いなる敬意をもって難民五輪選手団を歓迎する。
難民選手の方々、みなさんは世界中の何百万人という難民たちに希望のメッセージを送っている。暴力や饑餓、あるいは単に他者とは違うという理由で故郷を離れざるを得なかった。しかし、すばらしい才能と精神によって今、社会に偉大な貢献をしている。
五輪の世界では、私たちは単に多様性を受け入れるだけではない。この五輪の世界において、みなさんを多様性における結束をより豊かにしてくれる存在として受け入れます」※1
（2016年リオオリンピック開会式　IOCトーマス・バッハ会長スピーチ）

スポーツドクター　辻秀一

PLAY LIFE PLAY SPORTS
スポーツが教えてくれる人生という試合の歩み方

目次

第2章 スポーツはなぜ存在するのか

第3章 日本古来の武道からスポーツの真髄を垣間見る

第4章　スポーツが愛される4つの理由

第5章 スポーツ医学が社会を救う

第6章 スポーツを人生に活かす

序章

スポーツとは人生そのもの

スポーツの本当の価値と力を伝えたい

スポーツドクターとは?

私は「スポーツドクター」という肩書きで仕事をしています。

みなさんは、スポーツドクターと聞いてどんなイメージを持つでしょうか? スポーツのお医者さん? それはどんな仕事でしょうか? 一般的にはスポーツ選手のケガを診るドクターと考えている人が少なくないのではないでしょうか。しかし、私は整形外科のドクターというわけではなく、またスポーツ選手だけを診ているわけでもありません。

私はスポーツ選手を対象にした従来的な「医療で診る」ドクターでなく、スポーツで「社会を診る」ドクターでありたいと考えています。

ここで「診る」とは、悪いところを治すというこれまでの医療のような発想ではなく、その人の健康やパフォーマンス、人生の質をよりよくするという意味です。つまり、さらに強く自分らしくなれるようにスポーツという素材でサポートするということです、**スポーツにはそれほどまでに、一人ひとりの人間や社会のクオリティ・オブ・ライフ(QOL)**

を高める素晴らしい力があると、私は信じているからなのです。

スポーツが人や社会をよりよくするというようなイメージにピンとくる人はあまり多くないかもしれません。私はスポーツドクターとして、そのような背景の中でスポーツの価値を創造し、多くの人にその価値を享受していただき、その価値を伝えていくことをひとつの志として生きています。

そして、さらにはスポーツから生まれた医学や心理学によって、健康増進へ導き、ご機嫌な日本を作りたいというもうひとつの大きな志が私のエネルギーの源泉となっています。私が掲げている「日本スポーツ文化プロジェクト」と「ジャパンご機嫌プロジェクト」は、これらの志のもとに生まれたものです。

「日本スポーツ文化プロジェクト」とは、日本でスポーツが文化といわれる国にしていく活動の総称です。すなわち、スポーツドクターになってすぐに執筆した『スラムダンク勝利学』（集英社インターナショナル）や本書などの文筆活動などはまさにそのプロジェクトの代表でもあります。

後述するスポーツのディズニーランド〝エミネランド〟という、スポーツを通じて「元気・感動・仲間・成長」を感じてもらうイベントの実施、あるいは文化人の方々とスポーツの素晴らしさを語り合うトークショー〝スポーツ文化フォーラム〟の開催や、行政・大学・企業などと連携してスポーツの新しい価値を創造し体感していくような取り組みなどの数々がこの志に基づくスポーツドクターとしてのライフワークとなっています。実際の取り組みなども本書の中でご紹介していければと思います。

こうしたスポーツが文化だという思いを基に活動しているのですが、文化としてのスポーツから生まれた心理学や医学を駆使しての活動が「ジャパンご機嫌プロジェクト」といえます。プロスポーツやオリンピックのアスリート、そして大学体育会のチームや学生はもちろん、経営者や音楽家たちのご機嫌で揺らがずとらわれずの心の状態を導くメンタルトレーニングやワークショップなどはその代表です。企業のカンパニーチームドクターやChief Health Officer（CHO）という立場で社員のメンタルトレーニングはもちろん、会社全体の風土改革をスポーツ心理学やスポーツ医学を活用・実践してエクセレント企業やホワイト企業作りを行っているのが、まさに私の志を具現化しているプロジェクト活動です。

日本がスポーツを文化だとみなが当たり前のように考え、ご機嫌な日本人と家庭と会社と社会になっていくための活動をスポーツドクターとしてできるだけのことをしていきたいと考えているのです。それがスポーツで診るということであり、社会のＱＯＬ向上の役に立てるのではないかという実感に他なりません。

スポーツが人生のQOLを向上させる

このような強い思いに至ったのは、パッチ・アダムスというアメリカのドクターとの出会いがきっかけです。

アメリカの俳優・故ロビン・ウィリアムス主演で映画になりましたが、笑いで人や社会のQOLを向上させるという使命に生きたドクターの真実の物語に心から感動したのです。そして、あのようなドクターになりたいと一念発起し、内科医として一人前になった30歳の頃に内科医を辞めてスポーツドクターの道を選んだのです。

パッチ・アダムスが笑いを柱に多くの人のQOLを向上させているなら、私には笑いの代わりになる何かがないかと……。

小学生の頃からスポーツが大好きで将来はオリンピックに行きたいという夢を持って少年時代を過ごし、大学まで體育會《たいいくかい》でスポーツをやってきた私にとってそれはスポーツじゃないかと閃《ひらめ》いたわけです。そこでスポーツにまつわるこの大きな志が芽生えたのだと思います。

パッチ・アダムスにとっての笑いが私にはスポーツで、それによって世のため人のために新しいスポーツドクターとして活動していこうと……。当時スポーツがそのような存在として社会に役立つというような信念を持った人はドクターとしてもまだ少なく、またスポーツがそのようなとてつもなく素晴らしい社会的価値を持ったものなのだと理解している人の少なさにも驚くと同時に嘆かわしいと感じていたのも事実です。そのことが私の志となり、エネルギーが次第に大きくふくらんでいったといっても過言ではありません。

今回、このような「スポーツとは何か」、「スポーツはなぜ世の中からなくならないのか」、「スポーツはいったい何のためにあるのか」など、私の思いや考えを執筆させていただく機会を得ることができました。スポーツの学術書としてではなく、このような志を持って活動するスポーツドクターの随筆と思って、面白おかしく楽しみ、時には感心しながら読んでいただければ幸いです。

一言でいえば、読んでいただいた方に「スポーツってそうだったのか！」と目から鱗が落ちるような話題がひとつでもあり、「やっぱりスポーツっていいよね！」「スポーツが自分の人生の豊かさにも役立つんだ!!」と思っていただける方がこの本によってひとりでも生まれれば幸いだと思っています。

東京にオリンピックがやってくる前に

２０２０年、オリンピック・パラリンピックが56年ぶりに東京にやってきます。その時に日本の多くの人たちが、本書で述べるような視点でスポーツの価値を日常的に感じていてくれることを願ってやみません。

２０１６年の夏にはリオデジャネイロオリンピックが行われ、日本人のメダルラッシュに沸きました。３３８人もの選手たちがリオでそれぞれに汗を流しました。しかし一方で、メダルを取れなかったアスリートのほうが何倍も多いという事実もあります。

「勝つ」ために行くのですが、ほとんどの人が「負ける」のです。それでも、スポーツはなくならず、今も世界中で存在し続けているのです。なぜスポーツってあるのだろうか、そんなことに疑問を持ったことはないでしょうか。

また、同じオリンピック選手でも身長２１１cmのバスケットボール選手もいれば１３０cm代の体操選手もいます。競歩のように50kmをひたすら3時間40分以上かけて歩く一方で１００メートルを10秒足らずで走る選手もいます。体重が１００kg以上もあり自分よりも何倍も重いバーベルを持ち上げる重量挙げの選手もいれば、細い身体と長い脚で細いリボンをしなやかに操る新体操の女性の選手もいます。

面白いと思いませんか？　いろいろなスポーツにさまざまな人たちが夢中になり、一方でそれらのスポーツを夢中になって観ている私たちがいるこの光景を。

オリンピックにないスポーツも世の中には無限にあります。プロスポーツにもなってすらいないスポーツも多々あることでしょう。インドの国技に鬼ごっこのようなカバディというスポーツがあるのをご存知ですか。ドイツで生まれた手でやるバドミントンのようなインディアカや、イギリス発祥のゲートボールのようなクロッケーというスポーツ。また応援するチアスピリットの延長線上にチアリーディングという競技スポーツがあったり、海辺の安全を守るために生まれたライフセービングの、その日頃の鍛錬を披露する場として大会があったり、世界選手権もあるのです。

ヨーロッパではチェスやオセロもマインドスポーツとして考えられているそうです。もちろん、日本の国技である大相撲も日本を代表するプロスポーツのひとつです。スポーツにはいろいろな形があってさまざまな人がそこに携わり、人生を豊かにし、多くの人がスポーツに触れているのです。

このように世界中にたくさんのスポーツが存在し、私たちの生活の中に根付いているのです。当たり前のようですが、不思議ではないですか？　面白く感じませんか？

昨今〝スポーツビジネス〟という言葉が聞かれますが、ビジネスになる以前から、またビジネスに関係なく今も世界のどこかでスポーツがあるのです。ビジネスに通じる文明としてのスポーツではなく、この発展した文明社会の中に存在するスポーツの文化性に着目して、その魅力を本書では思い切り語ってみたいと思っています。こうしてスポーツのことを書いているだけで私は楽しくなってきます。みなさんもぜひ楽しんでください！

東京五輪の前に知っておきたいこと

スポーツとは文化である！

考えるだけでもワクワクしてしまうスポーツに対して、みなさんはどのようなイメージをお持ちですか？

以下のような質問を投げかけるとどのようにお答えになるでしょうか？

スポーツとは、「〇〇である、△△ではない！」。

「〇〇」や「△△」には何が入りますか？

スポーツとは「気合いである、遊びではない！」。スポーツとは「楽しさである、我慢ではない！」。スポーツとは「人生である、ただのゲームではない！」。スポーツとは「勝負である、いい加減なものではない！」。あるいは、スポーツとは「縁遠いものである、身近なものではない！」。さらには、スポーツとは「体育会のためである、文化系に関係ない！」など、きっと人の数だけイメージや概念があるのではないでしょうか？

本書はみなさんに、ある具体的な概念を強要したいのではなく、これまでとは違ったスポーツの見え方や考え方もあるのではないかと、気付いていただくためのきっかけとなればうれしいです。

２０２０年にスポーツの祭典、オリンピック・パラリンピックが56年ぶりに東京にやってきます。それはたくさんのスポーツ関係者が世界中から日本にやってくることであり、世界のスポーツファンからわれわれ日本が見られることであり、私たち自身がスポーツのあり方を考える機会でもあると思っています。

そこで、これまで通りのスポーツの概念で世界のみなさんを迎えるのではなく、スポーツのイメージを日本国民全員がもう少し視野を広げて考えられるようになればいいなと思うのです。「こんなスポーツの考え方もあっていいよな」とか、「スポーツってそうだったのね」とか、スポーツ概念のダイバーシティ（多様性）とでもいいましょうか、当たり前にみなさんがイメージしている「スポーツ」というものを、改めて多くの視点から眺めてみて、新しいスポーツの側面を知り、「スポーツ」の楽しさ、素晴らしさをおすすめしたいというのが本書の狙いでもあります。

ちなみに、私が先ほどの問いを答えると **「スポーツとは文化である！　文明ではない、単に体育ではない、勝つだけではない！」** となるでしょうか。どうしてそういうイメージになったのかをさまざまな事例をもとに述べていきたいと思います。

スポーツが〝文化〟として根付いているオーストラリア

2000年に私は、シドニーで行われたオリンピック・パラリンピックに参加させてもらう機会を得ました。日本代表の車椅子バスケットボールチームに、チームドクターとして帯同させてもらったのです。

その時の現地のボランティアの方たちとの出会いが、私にとって貴重な忘れられない体験となっています。

パラリンピックの参加選手は4000人弱、一方でオリンピックを通じてのボランティアは5万5000人ほどだったと聞いています。10倍以上のボランティアで支えられていたのですが、シドニー市内やオリンピック選手村、あるいは試合会場でお会いするほぼすべてのボランティアの方々が、例外なくみなさん笑顔で元気なのです。

「どうしてそんなに元気なのですか?」と私が尋ねると、みなさん、「スポーツが好きだしボランティア・スポーツそのものが楽しいから」と答えられるのです。オーストラリアは決してメダル大国ではありません。しかし、国民にスポーツが文化として間違いなく根差しているのを彼らの言葉と態度から感じることができました。

何か日本のスポーツのイメージと違うな、と感じた記憶が今でも鮮明に残っています。何がどう違ったのか定かではありません。漠然としてですが、「スポーツがあること自体が幸せだ」という感覚をみなが持っているということなのだと思います。

メダルが多いからとか、強いからとか、上手いからとか、儲かるからなどといったことではない、純粋なスポーツの存在意義が感じられたのです。

ご存じのようにアメリカはスポーツ大国として、メジャーリーグのMLB、アメリカンフットボールのNFL、バスケットボールのNBA、そしてアイスホッケーのNHLなど4大プロスポーツが君臨し、NCAAといった大学スポーツのビッグマーケットが突出しています。さらにはオリンピックでの金メダルの数もずば抜けています。

オーストラリアでは、アメリカのこういったスポーツのあり方とは違ったスポーツの存在意義を垣間見たように思えたのです。

文明・ビジネスとしてのスポーツの象徴としてわかりやすいのがアメリカスポーツだとすると、オーストラリアで感じ取ったのはそれとは違った「地味だけど身近に存在する生活としてのスポーツ」といえます。そして、このスポーツのあり方こそが、これからの日本に必要なのではないかと思うのです。

それはヨーロッパ諸国のような、深い歴史に根差したスポーツの伝統かもしれませんし、日本でいえば「武道」を改めて見つめ直すことなのかもしれません。もちろん文明としてのスポーツ先進国アメリカの真のスポーツへの理解は、人間形成を含め実は奥が深いのだという話をスポーツの現場にいる方々から聴くことがあります。文明の暴走によりマスクされ、真の姿が見えにくくなるのだと思います。

とにかく、2020年に向けてスポーツの概念を今一度見直してみて、これまで以上に幅広い・奥深い考え方を日本の私たちが有して、世界にそのメッセージを発信してほしいと願うのです。

それはスポーツの「意識革命宣言」といえると思います。ぜひ、本書を最後まで読んでいただき、**スポーツ好きもそうではない人も東京五輪がレガシーとなるべくスポーツの意識革命**を起こしていただきたいのです。

スポーツが私たちに教えてくれること

スポーツには人生に必要なことが詰まっている

スポーツは〝人生の縮図〟です。人生を構成するもの、それは自分自身、自分のパフォーマンス、心、技、体、結果、周りとの人間関係、相手、敵、仲間、チームメイト、そして時間、ルールです。どれもスポーツに通じるものばかりです。むしろ、スポーツのほうが、それぞれをわかりやすく、その存在を私たちに教えてくれるのです。

自分のパフォーマンスのために、心、技、体を見つめて結果を出していくという構造は、人生そのものではないでしょうか。また、チームメイトがいて仲間とともにさまざまな相手と交渉しやり合うというのも人生や仕事と一緒です。そして、常に限られた時間やルールの中でそれらを遂行し、目標や結果などを求めて努力していくのが人生でありスポーツでもあります。まったく同じといっても過言ではありません。

自分という人間の構造を知るには、スポーツをヒントにするのが一番です。もちろん、やっていることや必要な技術はそれぞれ違いますが、心や技や体があってパフォーマンスがあるのだという人間の仕組みは共通しています。

心が備わらないと体がついていかない、体がついてこそ技は発揮されるという考えがスポーツ界にはあります。ビジネスも同じです。心の整え方や体の健康があってこそビジネスですし、そのためのヒントがスポーツに満載されているはずです。そういう目でスポーツを見ると、これまでとは違った見え方がしてくるのではないでしょうか？

人生やビジネスに必要なこと、たとえば、チームワーク、リーダーシップ、マネジメント、トレーニング、コーチング、ゴールセッティング、パフォーマンスなどで表現されていることは、じつのところ、みなスポーツの世界からきた言葉でもあります。つまり、ビジネスはもとより私たちの人生を生き抜くために大事なことの中には、スポーツと共通している部分が少なからずあるということなのです。

ただ、どうしてもスポーツと人生の〝共通点〟よりも、スポーツと人生の〝違い〟に目がいきがちになります。

人生にはオリンピックのような大会がないとか、一流のサッカークラブで活躍するネイマール選手やメッシ選手のような技術はないとか、イチロー選手のようなバッティングはできないとか、体操のメダリスト内村航平選手のようなアクロバティックな動きはできないとか、ジャマイカのボルト選手のように100メートルを9秒台では走れないとか、いろいろと考えてしまうのです。

違いを見つけるほうが脳は楽だからです。もちろんまったく同じというのではありません。人間活動の営みとして大事なところは、共通する部分が多々あるのだということを申し上げたいのです。人間活動としての共通点を見つけることがスポーツの存在意義や価値を高めることに繋がってくるのです。

人生そのものがスポーツである

ゴルフのルールを知っていますか？　競技スポーツとしてだけでなくビジネスパーソンを中心にたくさんの方が趣味として楽しんでいるスポーツのひとつです。18ホールを各ホール小さなカップにボールを入れることを目指して進んでいきます。

他のスポーツのように相手はいないのでオフェンスやディフェンスはありませんが、自然やコース設計がこちらのパフォーマンスを阻害してきます。そんな中で、自分自身の心技体を最大限駆使して、前に進んでいくしかありません。1打ずつ、そして1ホールずつ、結果が〝見える化〟されながら、言い訳無用でパフォーマンスを出し続けるしかないスポーツです。

人生も自分のクラブをいくつか選びながら、いくつものホールをひとつずつ遂行しながら、結果を出して前に進むゴルフのコースを回っているようなものだと私は思います。

また、2015年イングランドで開かれたラグビーワールドカップで、日本代表チームが歴史に残る結果を残したのをご存知ですか？　ラグビーをしたことのある人は少ないかもしれませんが、もしかしたら五郎丸選手の活躍によって、テレビなどで夜遅くまで試合を観て応援した人が少なくないかもしれません。

ラグビーは前にボールを投げることができないスポーツです。しかし、トライするにはみなで協力して前に進むしかありません。必ず周りの仲間がサポートしてくれることを信じ、タックルされることを恐れずに、誰かが勇気を持って前に出なければなりません。一人ひとりがそれぞれの体を駆使しながら、みなで協力して結果を出していくスポーツです。

私はゴルフをやりませんしラグビーの経験者でもないですが、スポーツドクターとして、どちらのアスリートたちにもメンタルトレーニングをしています。そのスポーツのプレイヤーではないので競技のことやルールについて詳しいことはわかりませんが、このどちらの競技にも、人生との共通点を見出すことが十分に可能です。

じつは**すべてのスポーツは人生に通じる、〝人生と社会の縮図〟なのです**。そんな視点でスポーツを見直してみませんか。ゴルフやラグビーなどのさまざまなスポーツをしてほしいというのではなく、まずこの世の中に存在するスポーツそのものの存在意義を見直して、スポーツは人生の縮図なのだという新しい眼鏡でスポーツを見てみようというのが本書での提案なのです。

私たちはすべての人が自分の人生という二度とない本番のゲームを一生プレイしていくのだとわかれば、人生やスポーツの見え方が違ってくるでしょう。

スポーツが人生に似ているのではなく、じつは人生そのものがスポーツと同じなのです。そこまでいい切ると少し抵抗を感じる人がいるかもしれません。しかし、スポーツの種目や技術に騙されてはいけません。スポーツは勝敗が明確になるので、勝ったり負けたりが人生と比べるとどうもしっくりこないと感じる人がいるかもしれません。しかし、スポーツの本質はそこにはないのです。

勝敗の向こうにあるもの、すなわちスポーツの本質を見て、その本質を自身の人生に役立てていくのです。そのことが人生にもスポーツにもプラスに働き、人としての豊かさに繋がっていくことは間違いありません。

POINT

- スポーツには人生や人の心を豊かにする、「クオリティ・オブ・ライフ（QOL）」の向上を導く力がある。
- スポーツは勝ち負けを超えた「文化」である。
- チームワーク、リーダーシップ、マネジメント、トレーニングなど、スポーツの中に人生に必要なことが詰まっている。人生と社会の縮図が、「スポーツ」なのだ。

第1章

スポーツは文化である

負けることがあるのに、なぜスポーツはなくならないのか？

スポーツにはすべての人が勝ちを目指す権利がある

スポーツというと、勝敗を競うもの、という印象が強いと思います。しかし、**スポーツの本当の素晴らしさは、誰もが平等に勝ちを目指す権利が与えられているということ**にあるのです。勝ちを目指す、すべての人に平等に与えられた権利を通じて、**人間としての成長を手に入れられることがスポーツの真の価値**です。

勝つことがすべてではありませんが、勝つことを目指すことによって得られるものがあること、それが何よりも大事です。そのため、みな競い合って勝ちを目指すことの価値に焦点をあててほしいのです。

勝つこと、すなわち結果がすべてではありません。勝つことがすべてになってしまえば、スポーツそのものの存在を否定することになるからです。なぜなら、必ずスポーツには負ける人、敗者がいるのです。ひとつの試合をすれば必ずどちらかが負けることになります。試合の数だけ敗者がいるというのがスポーツでもあるからです。トーナメントの試合であれば最後まで勝ち進むチームはひとつしかなく、プレイヤーはひとりしかいません。他はすべて負けてしまうということです。オリンピックでいえば、金メダルはどの競技でもたったひとつしかありません。銀メダリストといえども最後に敗れた選手です。

何を申し上げたいのかといえば、**スポーツは勝敗が明らかになる典型的な人間活動ですが、勝つことがすべてではなく、競い合って勝ちを目指すことこそが重要なのだ**ということなのです。

昨今、運動会でも勝ち負けを決めてはいけないと順位をつけないところがあるらしいですが、それはスポーツの本質を無視して形だけを平等にしたやり方で、私には理解できません。何度も申し上げるように、平等なのは〝勝ちをすべての人が目指せる〟ということなのです。まさに人生と同じです。

すべての人が、幸せを目指す権利を平等に有しています。すべての人が成功を目指せるという平等性が自由の国では大事です。全員が同じ地位につき、同じ収入で同じ成功はできないのです。しかし、そこには優劣などなく結果に差があるだけで、そこにいる全員がよりよくなる権利はいつまでも有し続けているということが何よりも大切なのです。

だからこそ、スポーツは今もどこかで負ける人がいるのにもかかわらず、存在がなくなることがないのです。それこそがスポーツの魅力であり存在意義なのです。

オリンピックで負けた選手たちは、もうすでに次の勝利に向けて練習を重ねているでしょうし、次の勝利を目指す権利は永遠不滅だというわけです。

勝敗によって感動したり、喜んだり、悔しいと感じるのもまたスポーツらしさでもあり、人間らしさでもあり人生と同じです。さまざまな感情は勝敗や結果に基づいて起こります。しかし、それだけではなく競技には次のチャンスが必ずあり、勝利を目指す権利がすべてのプレイヤーに存在するのです。**勝敗がすべてなのではなく、スポーツの営みの中に自身をおいて、クオリティ・オブ・ライフ（QOL）をより向上させるという人間の平等の権利をこの地球上で行使していく**のです。それこそが、スポーツが人間らしい文化である証拠だといえるでしょう。

「社会的欲求」と「承認欲求」を満たしてくれる

人間の欲求は5段階に分けられるという、マズローの欲求5段階をご存知でしょうか。生物としての基礎となる土台の2つは、「生命欲求」と「安全欲求」です。これはすべての生命体の「基本的欲求」です。安全で平和な社会の中で命を脅かされることなく生きていきたいという欲求です。確かにこれが満たされていなければ、そもそもスポーツも存在しにくいでしょう。

その上に存在する２つの欲求段階は「社会的欲求」と「承認欲求」です。後で詳しく述べますが、これこそが人間固有のエネルギーの源泉といえるでしょう。繋がりを求めて存在意義を高めようとする欲求や、周りから認められ賞賛されたいという人間らしい欲求です。この**「社会的欲求」と「承認欲求」を満たしてくれる人間固有の活動のひとつがスポーツ**でしょう。

スポーツがこの地球に生まれ存在し続ける理由は、この欲求を満たすためなのです。勝ちを目指すこと、結果を出すこと、上手くなろうとすることでこの欲求を満たすことができるのです。だからこそ人は勝とうとするわけです。

しかし、この欲求はスポーツが得意ではなくても、スポーツをしていなくても、スポーツを通じて満たすことができるのです。テレビを通じてスポーツを観るだけでもいいでしょう、アスリートを支えるだけでもいいでしょう、プレイヤーたちを応援するだけでもいいでしょう。また、スポーツにボランティアとして関わるだけでもいいのです。スポーツへの関わり方はさまざまあっても、そのすべては人間としての欲求を満たすことに繋がっているということなのです。つまり、**スポーツはどんな形で関わろうとも、すべての人間にとってこの欲求を満たしてくれる必要な活動なのです。**

さて、マズローのいう、一番上に位置する５段階目の欲求は何でしょうか？　それは「自己実現の欲求」です。自分はこうありたいと思う姿を目指すことへの欲求です。

すべての人は平等にこの権利を有しています。その欲求を持ち、自分らしくありたいのです。それぞれが固有の存在価値を享受する欲求を持っているのです。もしかするとスポーツの本当の素晴らしさはここにあるのかもしれません。参加するすべての人にこの「自己実現の欲求」の存在を気付かせ、それを満たしてくれる可能性があることこそが、スポーツの魅力なのではないかとも思えるのです。

自己実現とは、本来は他者との優劣や上下によってもたらされるようなものではなく、それぞれの人間が、自分なりの存在価値を味わおうとする人間としての普遍的権利でもあります。このような「自己実現の欲求」のために、そもそもスポーツが存在し、その欲求を果たしてくれる役割があるのではないかと私は思っています。

スポーツは「承認欲求」や「社会的欲求」を満たすために存在するということが、まず一般的には重要と考えられがちです。一方でスポーツの本来の存在意義は、この「自己実現の欲求」をすべての人に満たしてくれるチャンスを平等に与えてくれているということなのです。

勝つことで「承認欲求」や「社会的欲求」を満たしてくれるのですが、勝つことがすべてではなく、実際には負けることもあるので、そこに「自己実現の欲求」を満たすことの意義が見えてくるのだと思います。

スポーツは、愛と進化の欲求を満たすための基礎的な営み

すべての人に共通の「自己実現の欲求」は愛と進化への欲求です。愛されたい、愛したい、というのは、人間の根本的な欲求ではないでしょうか？

進化とは成長のことです。どんな人も成長したいし、成長を求めているし、成長の権利があるはずです。この人間が持つ二大自己実現欲求の基礎が、やはりスポーツによって誰にでも平等にもたらされるチャンスがあると私は確信しています。

愛とは人間関係の基礎の欲求であり、成長とは自分自身の中にある普遍的な欲求です。だからこそ、すべての人はこの2つのスキルを先天的に有しているというわけです。スポーツの基本は自分を見つめて、他者との関係の中でパフォーマンスしていくという活動です。まさに**スポーツは、この愛と進化への欲求を満たしたり学んだりできる、人間としての自己実現欲求の基礎的な営み**なのです。

団体スポーツでのチームワークはもちろん、個人スポーツでもひとりでは何事も成し遂げることができないのがスポーツです。スポーツに触れることで、この愛の自己実現欲求を満たしてくれる経験に、これでもかというほど何度も出合うのではないでしょうか。

また、スポーツは常に自分自身を見つめ振り返ることを課せられる活動です。成長を常に追い求め、勝敗と同時に自身の成長を突き付けられることになるのがスポーツです。

スポーツによって、成長ということを意識できるようになることが、自己実現欲求を満たす活動だと断言できる理由でもあります。**愛と進化こそが人間としての存在意義であり、この存在意義を謳歌するヒントがスポーツにはあるのだ**と声を大にしてみなさんにお伝えしたいと思うのです。

つまり、勝ち負けだけがわかりやすく、スポーツはその部分だけが取り上げられがちになる一方で、もっと高次元の人間欲求を満たしてくれる活動として、人類学的存在意義があるのです。スポーツは勝ちと負けのためではなく、愛と進化のために存在するのだと考えるだけで、スポーツの見え方が確実に違ってくるはずなのです。それがわかればスポーツは、人間として育まれる人間形成に大切な活動だということがわかるはずです。

スポーツは、人生を豊かにしてくれる文化

スポーツは人間が育んだ文化

スポーツを文化にしようという声を昨今よく聞くようになりました。2011年女子サッカーワールドカップで見事世界一に輝き、なでしこジャパンで活躍したキャプテンの宮間あや選手、2015年ラグビーワールドカップで大活躍し、南アフリカに勝つなど歴史に残る偉業を成し遂げた五郎丸歩選手らが、「もっと日本でもスポーツが、女子サッカーが、ラグビーが文化になれば……」というコメントを強く発信したのは記憶に新しいです。

文化とはカルチャー（culture）です。語源はラテン語の cultus で、その後 cultivative のような言葉になり、心が耕され人間として豊かになることの人間活動の総称を文化と呼んでいるのです。

その視点で見てみると、**スポーツは間違いなく人間が育んだ営みであり文化なのです**。

一般的には生活になじんだ活動を文化というようにイメージされていますが、そもそもの

語源と意味は、文明と区別した心のための活動を示しているのです。

そこで質問です。スポーツは文化なのでしょうか？　スポーツの存在は私たち人間の心を耕し豊かにしてくれる活動だからこそ、負けることがあるのにもかかわらず、この世からなくならずにこの人間社会に存在し続けているのです。すなわち、**スポーツは「文化にする」ものではなく、そもそも文化なのです。**

２０２０年東京オリンピックで世界中の目が日本に注がれる今こそ、スポーツは文化なのだという意識革命が日本には必要だと確信しています。

スポーツの意識革命が起きている

２０１１年に日本のスポーツの法律が50年ぶりに改正されました。１９６１年に制定されたスポーツ振興法から、スポーツ基本法に改正されたのです。スポーツ基本法の序文にはこう書かれています。

「スポーツは、世界共通の人類の文化である」

スポーツは文化なのだという考え方がやっと日本の法律上でも示されたのです。ただ長年の歴史的背景があるために、スポーツが文化だというような意識が多くの日本人に形成されていないのが現状です。

そこで、スポーツを文化と考えているであろう欧米の方々にたくさんのヒアリングをしたり、スポーツに関する書籍をさまざま紐解いてみるうちに、私の中に共通のスポーツ概念のようなものがひとつ浮かび上がってきました。

それは、**スポーツの医療性、芸術性、コミュニケーション性、そして教育性の価値を重んじているという点です。**

医療性、芸術性、コミュニケーション性、教育性は人間固有の生きる活動として大切な視点です。日本にはスポーツ省がありません。スポーツはすべての人間活動を横串のようにつらぬく価値あるものとして存在しているのです。つまり、それが文化としての価値の源でもあります。したがって、スポーツは政治的には、厚生労働省、文部科学省、環境省、外務省、経済産業省など多岐にわたって多方面に関わる幅の広い活動だといえるでしょう。

２０１５年、日本にも文部科学省の下にスポーツ庁ができ、省庁を越えてクロスセクショナルにその価値を国に提供していける糸口がようやく始まりました。素晴らしいことですが、残念ながら、文化庁と分けられ対比されるような存在としてスポーツ庁が設けられています。その点が、まだ個人的には納得できませんが、大きな一歩ではあります。鈴木大地・初代スポーツ庁長官には、スポーツの文化的価値の創造に向けて、日本のスポーツの意識革命に繋がるようなメッセージと活動を心から期待しています。

人間らしく生きるためには「元気・感動・仲間・成長」が必要

スポーツは文化として、医療性と芸術性、コミュニケーション性、教育性を通じて、人間に豊かさを提供してくれるわけですが、私はこれをもう少しわかりやすく表現できないかと考えて、次のように言語化しています。

医療は「元気」、芸術は「感動」、コミュニケーションは「仲間」、そして教育は「成長」というキーワードです。この**「元気・感動・仲間・成長」こそ人間が人間らしく生きるための心のビタミンだ**と思っています。心のビタミンなのでそれを感じることが人間らしさを保ち、人生の質を向上させることになるのです。

想像してみてください。元気がなく、感動がなく、仲間もおらず、成長のない人生を。どうみてもクオリティ・オブ・ライフが極めて低い人生になるのではないでしょうか？「元気・感動・仲間・成長」は、私たちの人生にとって必須の、心に感じるべきものなのだということなのです。

スポーツは文化であるということは、私流のいい方をすれば、**スポーツとは「元気・感動・仲間・成長」を感じ、そのことによって心を豊かにし、クオリティ・オブ・ライフを高めていく人間の営みだ**ということです。

したがって、スポーツは日本での体育のように「する」に押し込まれてしまうのではなく、

「観る」「支える」「読む」「聴く」「話す」など、さまざまに幅広くあってもよく、そこに「元気・感動・仲間・成長」が存在していれば、それらはすべて文化としてのスポーツなのです。

一世を風靡《ふうび》した井上雄彦先生のバスケットボール漫画『スラムダンク』は、「読むスポーツ」です。累計売上部数が1億部以上といわれるこの漫画が人気であり続けるのは、何回読んでも、そこに「元気・感動・仲間・成長」を感じる素材があるからなのです。

スポーツには「プレイする」「観る」だけに留まらない多様性がある

日本はスポーツが体育から始まってしまっているので、「観る」とか「支える」といったスポーツのあり方がまだまだ未熟です。それはスポーツの文化性を重んじてこなかった負の証なのです。２０００年にシドニーパラリンピックの車椅子日本代表のチームドクターとして一緒に参加させていただいた経験については先に述べましたが、やはりその時のボランティアの方々の言葉が今でも印象に残っています。

オリンピック・パラリンピックにはたくさんの選手が参加しますが、ボランティアの方はその10倍以上だといわれています。シドニーでも5万5０００人ほどのボランティアの方が参加されていましたが、どのボランティアも楽しそうなのです。

そこで、どうしてそんなに楽しそうなのですかと尋ねてみると、

「プレイヤーはプレイ・スポーツをする、観客は観るスポーツをする、私たちはボランティア・スポーツをする。みな一緒で、元気を感じ、感動を覚え、仲間がいて、結局は何かを学んでいるんです」と――。

多くの方にそのような返事をいただき本当に驚いた思い出があります。スポーツの触れ方にはさまざまあっていいのです。体育のように「する」ことに限定され評価・優劣の成績対象になるものだと決めつける必要はないのです。そもそもスポーツは文化として存在し、「元気・感動・仲間・成長」を感じるものだからです。

パラリンピックのさまざまな種目、車椅子バスケットボール以外に私が見たのは重量挙げとゴールボール、水泳の試合でしたが、どの会場も観客で溢れていました。そう、オーストラリアは決してメダル大国ではありませんが、スポーツを文化と考え、すべての人はスポーツに触れて人生を豊かにするという考えが浸透している国なのだと感じました。そんな経験があったからこそ今こうしてスポーツとは何ぞやという、スポーツの本来持つ真髄を伝える活動をスポーツドクターの志として続けているのだと思います。

スポーツに関わる一人ひとりが意識革命を

スポーツドクターとして全国のさまざまなスポーツチームや部活を現場で見学させてい

ただくことがありますが、その中にはまったく元気のない部活や、感動のない練習風景があり、そして部活で仲間を失っているようなチームもあれば、脳ミソ筋肉で成長を感じないクラブ活動を目にすることが少なくありません。それはプロスポーツチームであっても同じです。

全国の子どもたちからスポーツ現場の悩みのメールや手紙をたくさんいただきます。とても残念で心が痛みます。「元気・感動・仲間・成長」を感じるようにすることは、スポーツで勝ちを目指すことや上手になることの権利に相反するものでは決してありません。むしろ文化としてのスポーツを日々継続していくことこそが、強いチームを作り、勝つチャンスを増やすことに繋がるでしょう。また、プレイヤーたちも「元気・感動・仲間・成長」を感じる練習があれば、技術もよりアップしてより強くなるはずなのです。

そのためにはどうしたらいいのか？　それは、スポーツとは文化なのだということを、部活の生徒たちもプロの選手たちもオリンピックを目指すトップアスリートも、保護者の方も、コーチ・指導者の方も、マネジャーもチームを運営するスタッフも、学校もみんなが意識することだと思います。そう意識することにより「元気・感動・仲間・成長」を感じる場が生み出される。つまり、一人ひとりの意識革命が場を作り、日本全体を変えていくことになるのです。

日本画家の千住博さんに教えてもらったこと

私がこのような考えに至ったもうひとつの大きな出来事があります。

慶應《けいおう》義塾大学病院の内科医からスポーツドクターに人生の方向転換をした30代前半の頃です。スポーツ選手を既存の医療で診るスポーツドクターではなく、あらゆる人を「スポーツで診る」ドクターを目指し始めた今から20年ほど前のことです。

「スポーツで診る」とは、スポーツという素材から病気を治す医療ではなく、〝より元気に生きるヒントを与える〟ドクター像でした。そのためにはスポーツの価値が汎用的でなければなりません。そこからスポーツの社会的・文化的価値とは何なのかに興味を持つようになったのですが、そんな頃、夜中にあるテレビ番組を観ていて腑に落ちたことがあったのです。

日本画家でニューヨークを拠点に世界的に活躍されている千住博さんが、日本画について語られている番組でした。「日本画はわかりにくくつまらないというネガティブなイメージを持っている人も少なくないでしょう。でも日本画はそれでもこの世の中からなくならないのはなぜかわかりますか？」とアナウンサーに問いかけていたのです。私にとってのスポーツの抱える課題と同じようなことを思われているのだと、興味津々で次の答えを待ちました。スポーツも下手をすると、しんどくて苦しく、つらいというようなネガティブなイメージを持っている人がまだまだ少なくありません。そこで千住博さんはこう答えられたのです。

「日本画で人は元気になることができる、そして日本画は感動をもたらすことすらある。だからこそ文化なんです」と。

この発言を聞いて、そうかと腑に落ちたわけです。日本画はよくわからなくても元気や感動をもたらしてくれる文化なんだと理解できたのです。そして、決して自分が日本画を描けなくても、またへたくそでも関係ないのだ、「元気・感動」を感じ、単純に日本画に触れればその存在意義を自ら見出すことができるのだとわかったような気がしました。そう思っただけでも関心が高まり、その後に知り合った日本画の画家の展覧会を観にいくという、人生初の体験をするまでになったのです。

知識を得て、意識が変われば、見え方が変わり、行動も変わるということを自ら体感した貴重な経験です。**文化には元気や感動といった人間だけが感じるものがあるのだ**と頭で理解できたのです。だから「スポーツはなぜ素晴らしいのか？」と問われれば、「そこに元気があり、感動があるからだ」と腑に落ちたのです。そして、それをみなに感じてほしいのだということに20年前に気付いたのです。

スポーツの向こう側にあるものとは？

そしてもうひとつの気付きの体験がありました。仲良くさせていただいている世界的に有名な指揮者、佐渡裕さんと一緒に『感じて動く』（ポプラ社）という書籍を出させていただくにあたって、じっくりクラシック音楽の話を伺った時のことです。

私は佐渡裕さんからこのような話を聞きました。

「辻先生もそうでしょうが、クラシック音楽ってよくわからないし眠くなるつまらないものというイメージがありますよね。でも、クラシック音楽ってそれにもかかわらず今も世界中からなくなることなく、コンサートもあるし聴きに行く人もたくさんいますよね。それってどうしてかわかりますか？」と。待てよ、どこかで聞いたことのあるフレーズだなと思ったのですが、すかさず佐渡さんが**「クラシック音楽って、人が集まりそこで共通の体験をする仲間作りが魅力なんです。そして同じ演奏、同じ曲のように思いますが、毎回違って演奏する方も聴く方も学びがあるんですよね」**とおっしゃったのです。

そう、**クラシック音楽の向こう側にあるものがわかれば、それはどんな人にも必要な人生の糧なのだ**と再び理解できたわけです。

そこで私は考えたのです。

スポーツの向こうにあるものって一体何か？　スポーツの素晴らしさや魅力って何か？　そう問われたらどう答えるべきかと、自問自答したのです。

そして千住博さんと佐渡裕さんというその道の第一人者がおっしゃったことがスポーツの文化性を語るに必須の真実なのではないかと気付いたのです。

つまりスポーツこそ、私にとっては「元気・感動・仲間・成長」なのだから文化なんだと納得がいったわけです。その後、欧米のスポーツに興味を持って、そのスポーツの考えを掘り下げていくと、スポーツとは医療であり芸術でありコミュニケーションであり、教育であるという概念にいきつくことができました。そこですべてが繋がったというわけです。この世の中に存在するスポーツの文化的価値は、「元気・感動・仲間・成長」を感じることなのだと。

その後、スポーツドクターとして活動を続ける中で、ＪリーグそしてＢリーグまでをも創設した川淵三郎さんと数回対談をさせていただく機会がありました。そこでこの話をすると、川淵さんから「スポーツを素晴らしいという人はたくさんいるが、実際にスポーツの魅力や文化的価値を、君のように理路整然とわかりやすく語った人を見たことがない」とお褒めいただきました。そのお言葉が、スポーツの文化的価値に対する私の考えにさらなる自信をもたらしたといっても過言ではありません。

あらためて申し上げます。**スポーツが大好きな人もそうじゃない人も、スポーツが得意な人もそうじゃない人も、スポーツとは「元気・感動・仲間・成長」を感じ、人生を豊かにする文化なのです！**

“文化”という意識が共有されるとスポーツビジネスが成立する

さて、スポーツの現場で進化している分野がふたつあります。ひとつはスポーツビジネス、もうひとつはスポーツサイエンスです。

前者は、スポーツをビジネスの素材として考え、スポーツでどうお金を生み出すのか、マネタイズするのかというフィールドです。アメリカではこの分野の学問がきちっと確立されていて、大学でも学ぶことが可能です。実際にNBAやNFLといったプロスポーツの世界だけではなく、大学NCAAでも入場料収入のみならず放映権やグッズなどで巨額のお金が動いているという事実があるのです。ヨーロッパもその例外ではありません。

なぜそのようなことが起こるのかといえば、長い歴史の中でスポーツが文化だとすべての人の意識の中で確立してきているからなのです。つまりは、人間として生きていく上で必要な文化だからこそ、そこにマネタイズが生じるのだと、私は思っています。文化だからお金は関係なく、全部無料で活動しようといいたいのではありません。しっかりと**文化**

だという意識を確立できれば、そこには自然にビジネスが生まれてくるのです。欧米のスポーツはまずもってスポーツの文化的認識に支えられて、文明としてのビジネスが開花しているということなのです。

それは日本でいえば、歌舞伎や大相撲などです。文化として真に日々の生活になくてはならないものになってくれば、すなわち文化だということをみなで創造していけば、自ずとスポーツをビジネスに繋げていくことができるはずなのです。土台（すべての人がスポーツを文化だと意識している状態）がない以上、スポーツビジネスができあがることなどありえないのです。スポーツを体育と考えてきた国にスポーツビジネスは成り立たないと私は思います。

スポーツサイエンスの前に大切なこと

もうひとつの分野、スポーツサイエンス（科学）です。スポーツのパフォーマンスを向上させるためにもさまざまなスポーツ科学が動員されています。そのおかげで日本の競技力向上がもたらされ、リオオリンピックでもメダルの数がそれによって増えたのかもしれません。一方、それを法律に違反して非合法的にやってしまっているのがドーピングです。

もちろん、人やパフォーマンスについて科学するのは必要なことかもしれませんが、結局はスポーツが文化だとすれば、それは科学でできるものではないのかもしれません。日本画やクラシック音楽をサイエンスすることがないからです。

スポーツビジネスやスポーツサイエンスを否定しているのではありません。それらがしっかりと機能するためにも、**スポーツは、サイエンスやビジネスといった文明的手法の前に、人間としての心の豊かさをもたらす文化であることの認識を、国として高め、確立しないといけない**ということを、声を大にして申し上げたいのです。それは教育の仕事であり、メディア・マスコミの役割であり、スポーツ関係者の責任であり、国の責務だと私は思っています。

サイエンスといえばスポーツにおける原因と結果の実証、理論をもってスポーツにおけるアスリートのパフォーマンス向上の分析など、理系的な研究をイメージさせられます。スポーツの結果に結び付くような研究です。東京オリンピックに向けてもメダル獲得のためにスポーツサイエンスにお金をつぎ込んでいくのでしょうし、さまざまな大学でも体育会強化のためのスポーツ科学の導入が盛んに行われています。

とても大切なことですが、私があえて申し上げたいのはスポーツを定量的な理系発想で考えるのではなく、スポーツそのものの価値を考えるとか、スポーツの価値をどのように社会に活かしていくのかというような文系的なアプローチの必要性を申し上げたいと思います。

負けた時こそ、真価が問われる

勝者の後ろには、数えきれないほどの敗者がいる

スポーツは勝つためにやることがほとんどです。サッカーワールドカップもオリンピックもどの部活も大学体育会もそうでしょう。レベルのいかんに関わらず、みな勝ちを目指して練習したりプレイしたり応援したりするのが普通です。

負けるためにスポーツをする人は、世界のどこにもいないでしょう。スポーツが文化だとすると、勝つことがすべてなのではなく、すべての人に平等に与えられた勝つことを目指すという権利を大いに行使することによって、「元気・感動・仲間・成長」を体感することがスポーツの本質といえるのではないでしょうか。

負けていいというようなことを推奨しているのでは決してなく、勝ちを目指す中で、勝とうが負けようが何を得ているのかが重要なのだということを理解して、スポーツに触れるべきなのです。すべての試合ですべての人が勝者になることは不可能です。試合があれば必ず一方が勝ち、それと同数の敗者が生まれます。トーナメントでいえば最後まで勝つ

のはたったひとつのチーム、またはひとりのアスリートだけです。オリンピックでもすべての競技で金メダルはひとりだけという事実は絶対です。

スポーツを文化と考える欧米ではこんな言葉があります。「グッドルーザー（Good Loser）」。これはどのような意味でしょうか。スポーツの真の価値を理解し勝つことを目指しますが、勝つことがすべてではないということを実践している人、あるいはチームのことをこう呼ぶのです。

何度も申し上げているように、負けていいといっているのではなく、**スポーツの真の価値を理解して勝ちを目指している人は負けた時こそ、その真価が問われるのだ**ということ。そのような人物、そのようなチームのことを「グッドルーザー」と呼ぶのです。

グッドルーザーの考え方は〝人生〟という試合でも同じ

日本のスポーツは負けたら終わりという考え方が強いので、勝利至上主義になりがちです。高校野球はその典型です。約４０００校の頂点を目指し、最後まで勝ち進むのはたった1校です。負けたら甲子園の土を持って帰るという風習は、美談のように語られてきました。

スポーツは成長のためにある文化なので、欧米の中高生の試合はトーナメントではなくリーグ戦が中心だと聞きます。全米ナンバー1を決めるような大会はないのです。スポーツの文化性を重んじ、その価値を十分に享受するためにも、青少年期のスポーツはリーグ戦を中心に行うという仕組みが国にあるということに驚きとともに感激があります。

1番を決めることが大事なのではなく、すべての人が1番を目指す権利があり、その権利を十分に謳歌し、その結果よりもその過程で感じるものこそが人生を豊かにしていくのだということを学ぶ必要があります。それこそがスポーツの価値であり本質だといえるでしょう。

すなわち「グッドルーザー」とは、負けることへの賛辞ではなく、勝敗を超えたところに存在するスポーツの価値を理解した上で、スポーツの勝敗に興じる生き方を示しているのです。

元慶應義塾大学の塾長であった小泉信三氏は、この生き方のことを**「果敢なる闘士たれ、潔よき敗者たれ」**とおっしゃっていました。果敢に勝つことを精一杯目指す、しかし勝てるとは限らないので、負けたとしてもそれを喜べるはずもなく、潔くそれを受け入れて、しっかりと自身が感じるもの、得られるもの、体感するものを大事にせよと。それは人生という試合でも同じなのではないでしょうか。

スポーツは、心を整える脳力を育む

スポーツは非日常ではない

スポーツは〝人生の縮図〟であり〝社会の縮図〟だと述べてきましたが、真にその意味を理解し、そう熟知している人は意外に少ないのではないかと思います。

スポーツは、ラテン語の「デポルターレ（deportare）」が語源といわれています。この言葉は休養する、遊ぶ、楽しむ、気晴らしをするなどという意味でした。

その後、deportareは中世フランスでデスポール（desport）、14世紀にイギリスでdisportになり、その後sporte、または、sportとして使われるようになったそうです。つまり、ヨーロッパでスポーツは非日常的な営みの代表だったといえるでしょう。

しかし、人生はそもそも日常と非日常は連続して存在しているのです。たとえば、ワークライフバランスという考え方も、ワークとライフをどう分けるのか、その区別が私にはあいまいに思えてなりません。同じように、日常と非日常の区別はどこになるのかと疑問を感じざるを得ません。

どちらも生きているということに変わりなく、どちらもルールがあることは同じで、どちらも結果が求められていることに変わりなく、成功や失敗の繰り返しも同じで、すべては自分自身がプレイすることに違いはなく、そこに仲間やチームメイトがいることも同じであって、非日常といわれるスポーツを日常と区別してしまうことはないのです。

非日常のスポーツから日常が見えてくることに気付くと、両方を活かすことができるのです。

Play Sports であり、Play Business、そして Play Life で、じつは連続しているのだと理解して、スポーツに触れることが重要なのです。

ゴルフもラグビーもチェスも陸上もスポーツであり非日常でもありますが、すべては日常に繋がる部分があるのです。オリンピックは非日常ですが、じつは日常がそこにもあるといっても過言ではないのです。その連続性に気付かず、スポーツは別物としてしまえば、日常に活かせるその価値は見えてこないでしょう。それが残念でなりません。

アスリートもビジネスパーソンも、表現者である

スポーツの連続性はさまざまなところに存在しています。

たとえば、体育会と同好会の連続性について考えてみましょう。体育会は勝ちを目指し

て苦しいもので、同好会は勝ちを目指さず楽しいものといった定義をして区別しがちです。しかし、本当にそうでしょうか。どちらも同じではないでしょうか。

その差は、体育会の中での個人差や、同好会の中での個人差を上回るほどのものではないのです。どちらも練習があり、試合があり、結果があるのは同じです。同好会でも真剣に練習をして試合に臨んでいる人もいれば、一方で体育会でもそこそこの練習をして、そのままそこそこの試合を行っている選手もいるでしょう。まったく同じだというのではなく、連続性の中で同じ仕組みとして存在する人間活動なのだということを強調して申し上げたいのです。

スポーツにまつわる連続性は、別のところにも存在します。**そもそもスポーツ選手とそうじゃない人、アスリートとアーティスト、スポーツチームとビジネス組織に区別はありません。どちらも心技体が要求される人間活動なのです**。心があって、パフォーマンスがあって、そのための技があって、遂行するための体がある。すべては人間のパフォーマンスがあってそれを表現しているという構造に違いはありません。

アーティストもビジネスパーソンもスポーツアスリートもパフォーマーであり表現者なのです。そこには共通の連続性があるので、私のクライアントにはアーティストもビジネスパーソンもアスリートもいるのだと思います。どのクライアントもメンタルを鍛え、パフォーマンスと自身の表現のレベルを上げて成長を手に入れ、結果をもたらすという目的を共通して持っているからなのです。

「ライフスキル脳」は人生の宝物

そして、最も連続性があると声を大にして申し上げたいのが、アスリートにおける現役時代と引退後の人生の連続性です。

現役時代も引退後も自身の「生きる」が続いているということに何ら変わりがないのです。現役・引退に関わらず、どちらも「生きる」という点で、何をするのかという行動の内容と、それをどんな心でやっていくのかという質の存在でできていて、連続的に続いているのです。

もちろん、「現役時代に何をするのか」と「引退後に何をするのか」という問いは別物ですが、「何をするのか」という内容があるのだという構造は一緒です。そして、そこには〝質〟という心の状態が、いつでもどこにでもあるのだということもまた一緒なのです。特に、心の連続性があるということを理解しているアスリートが現役を終え、引退後も活躍していくのです。

スポーツで結果を出しパフォーマンスを向上させるために、その質に着目してメンタルトレーニングや人間形成をしているアスリートたちは、就職や引退後の生活も充実しています。

応用スポーツ心理学では、心をマネジメントするための脳を**「ライフスキル」**と呼んでいます。そのためのトレーニングをアスリート時代に受けていることは、技や体のトレーニングよりも連続性のある次の人生に役立つのです。それは人間力にも通じるものだといえるでしょう。

スポーツで鍛えられた「技のスキル」や「フィジカルスキル」は、人生に通じにくいかもしれません。しかし、心のための脳スキルである「ライフスキル」は次の人生に持っていくことのできる宝物です。アスリートが「ライフスキル」をトレーニングし育んでいくことは最高のセカンドキャリアになるのです。

POINT

●スポーツの真の価値は、誰でも平等に勝ちを目指す権利が与えられ、それを通じ人間としての「愛」や「成長」が手に入れられること。
●スポーツで「元気・感動・仲間・成長」を感じ、人生を豊かにすることができる。
●スポーツを通して得られる、心を整える「ライフスキル」は人間力として生涯にわたり有益なものになる。

第2章

スポーツはなぜ存在するのか

スポーツは単なる「体育」ではない

「体育」と「文化」に分けられた日本

先に50年ぶりに改正されたスポーツ基本法（２０１１年）を紹介し、スポーツは文化だという法律的背景、私の考え、そして欧米の実情などを簡単に述べました。

１９６１年に制定されたスポーツ振興法がこれまでの日本のスポーツを支えてきたこともまた事実です。１９６４年の東京オリンピック以後、スポーツを法律で守り、その発展を後押ししてきたのです。

その中には学校体育、部活、そして企業スポーツの繁栄に繋がる文言が盛り込まれて、日本のスポーツを形作っていくことになりました。そのおかげで日本のスポーツは学校と企業を中心に発展してきたのです。

しかし一方で、スポーツが体育の中に押し込まれて、文科省の学習指導要領に基づくスポーツ、トーナメントを背景にした「負けたら終わり」の勝利至上主義の部活、そして広報宣伝あるいは従業員の士気高揚を目的にした企業スポーツという狭い範囲の（といえば語弊があるかもしれませんが）ある一定の枠組みの中での、「スポーツ像」が形作られていったように思います。

それが正しいとか間違いだということを評価する権利は私にはないですし、そもそも正誤などないのですが、ただ文化としてのスポーツの意識付けが遅れてしまったのではないかと思えてなりません。

スポーツ振興法制定から3年後、1964年の東京オリンピック開会式の10月10日は、**「スポーツの日」**ではなく**「体育の日」**と命名され、国民の祝日になりました。スポーツが「体育」という概念に押し込まれ始めたひとつの象徴的な出来事だと思います。

そこから50年、日本では「体育の日」と「文化の日」を分けて考えるようになっています。つまり、「スポーツ」を「体育」に押し込み、「文化」と分けて考える発想が根付いていくのです。

子どもにスポーツを好きになってもらうことが何より大切

教育の仕組みがそれに追い打ちをかけていったように思います。

しばしば講演などで申し上げることなのですが、たとえば文科省の学習指導要領に小学5年生で逆上がりが組み込まれているそうです。あなたも逆上がりができないと授業で残されたりした記憶はないでしょうか？

実際に社会に出て逆上がりができなくて困ることはありません。もちろん、人生を歩んでいく上で、身体機能が高いほうがいいに決まっています。勉強と同じで、一見その時は無駄だと思えることも、それに取り組む姿勢であったり、そのことが将来に役に立ったりするのだということは、大いに理解し賛同はしています。

しかし、スポーツの存在価値はそこにだけあるのではなく、それに触れることで医療性、芸術性、コミュニケーション性、そして教育性があり、「元気・感動・仲間・成長」をもたらすものなのだという知識と体感を、子どもの頃に味わうようにするのが最も大切なことだと思います。

すなわち、**学校体育における役割は、スポーツをできるようにするのでもそれを成績で評価するのでもなく、スポーツのある生活が誰にとっても素晴らしいものであるということを、子どもたちの心身の記憶として刻むことなのです。**別のいい方をすれば、スポーツを好きになってもらうということでしょう。

一説によると、日本人のスポーツ嫌いはどこで形成されたのかというアンケートをすると、学校の体育で嫌いになったという回答が少なくないそうです。できるかできないか、あるいは人と比べられ相対的に評価される学校の成績の中にスポーツが押し込まれてしまったことの弊害なのだと思います。

しかし、スポーツはそもそういうものではないのです。だから、ヨーロッパでは学校体育の授業よりも、スポーツのクラブに所属して、そこでスポーツに触れるという仕組みを大事にしていく社会になっているわけです。

あえていえば、たとえば、剣道や柔道、弓道などの武道は、日本の文化として考えられています。武道は、個人の「できる・できない」に成績を付けるものでないとする考え方があり、繁栄してきました。だからこそ、「できる・できない」によって評価をくだす学校体育には、あまり導入されていないのだと思うのです。近年、柔道だけはその仕組みの中に取り込まれて評価の対象となっています。疑問が多少残るのは私だけでしょうか。

スポーツは総合的人間の人格形成に役立つ文化

スポーツの意識を形成していく背景には、先述したように、スポーツ基本法などの法律や、学校教育がありますが、さらには、マスコミやプロスポーツそのものの発信力、影響力を忘れることはできません。

勝利を目指す部活の頂点である高校野球は、大きなメディアの支えで春と夏の日本の国民的風物詩と化しました。もちろん、それもひとつの日本の文化だといえるのでしょう。しかし、勝利至上主義に傾きすぎ、その意識形成に拍車をかけたもののひとつだということは否定できません。

プロスポーツの最高峰として君臨する日本のプロ野球が、そもそもスポーツを文化として発信しているようには思えません。プロ野球は、先述した1961年のスポーツ振興法の影響を受けて、企業の名前とマスコミがセットになって繁栄させてきた日本独特のプロスポーツのあり方です。

MLBのニューヨーク・ヤンキースも、プロバスケットチームNBAのシカゴ・ブルズも、ロサンゼルス・レイカーズも、あるいはヨーロッパでいえば、サッカークラブチームのレアル・マドリードもFCバルセロナもマンチェスター・ユナイテッドも、企業名はどこにもありません。

特にヨーロッパでは、その傘下にクラブ組織が形成され、さまざまなスポーツの触れ方を地域や住民に還元しているのです。それは明らかに日本のような企業スポーツを背景にした体育の延長線の発想ではありません。

こうして見てみると、この50年間の日本のスポーツ文化醸成の足かせとなっていたのが1961年のスポーツ振興法で、今日のスポーツ意識形成の一端があるように考えられます。スポーツの発展をもたらした一方で、功罪両方を日本人にもたらしてしまったといわざるを得ません。

スポーツは単なる体育なのではなく、徳育・知育・体育であり、総合的人間の人格形成に役立つ文化だと、今後は2011年のスポーツ基本法に基づき、教育の世界でも企業やプロスポーツの分野でも、2020年に向けて積極的に意識改革をしていくべきだと思います。

そのためにはスポーツとはそもそも何かという概念やその存在意義を、この基本法に基づき、教育界もプロスポーツもその理念をきちっと言語化し明らかにして広めていくための努力をすることが、勝ち負けの前に何よりも大事で、それが今の日本には必要なのです。

なぜメダルの数が気になるのか？

人間は常に勝ちたいと思う生き物

スポーツの文化的側面を強調したい一方で、どうして人は勝ち負けやメダルの数ばかりが気になってしまうのでしょうか。そのことについて脳科学の視点から触れてみたいと思います。

人間の脳は認知脳という他の動物にはない高次元の脳機能が存在します。この脳は、基本的には外界の環境や出来事や他人に接触してするべきことを考えて行動に移し、文明を発展させてきました。言葉を使い、火を起こし、道具を生み出し、社会を変えていこうとする人間固有の能力です。

この脳機能は外界を大事にして、結果をエネルギーの源泉として動いているので、優劣、勝敗、正誤、比較、期待など、人間独自の思考を起こしていきます。**この脳があるために、結果を重視して、人は勝ちたくなるし、誰よりも優でありたくなるし、上に昇りつめたくなる**のです。

この脳の欲求を満たすためにスポーツは生まれたといっても過言ではありません。すなわち、先述したマズローの欲求段階説の「社会的欲求」と「承認欲求」を満たそうとする人間らしさの一側面を表しているのです。つまり、どんな人もスポーツでは勝ちたいし、ビジネスでいえば儲けたいし、勉強でいえばいい成績を取りたいというのは、この人間の脳の働きによるものなのです。

その最も悪しき脳の暴走により人間の罪として生み出されたのが戦争です。人間の歴史は戦争の歴史といっても過言ではありません。人間だけがその過ちを繰り返しているのは、この脳の暴走が安易に起こるからなのです。その認知脳の欲求を、ルールの上で満たそうという人間活動のひとつがスポーツに他なりません。

しかし一方で、私たちは認知脳の欲求だけではなく、そもそも持っている愛や進化を求めるエネルギーを源として自己実現の欲求を、満たそうとして生きているのです。

スポーツを文化にするには理念や仕組みが必要

スポーツは認知脳の暴走を満たすためにのみ存在するのか、あるいは自己実現に基づく人間固有の生き方を表現するためにあるのかは永遠の課題でもあるでしょう。しかし、大事なことはこの両者をバランスよく考えることで、それが本来のスポーツの存在意義なのです。すなわち、すべての人は認知脳があるので勝ちを目指したいし、勝ちを目指す権利があります。それを満たすのがスポーツなのです。

しかし、ただ勝てばいいのではなく、愛や進化という本来の人間の価値や意義を大切にして、それに触れるのもまたスポーツなのです。

前者はどうしても認知脳が人間の第1の脳として主役を張っているので結果至上主義、勝利至上主義になってしまうのです。断固たる決意でスポーツのもう一方の価値、すなわち文化としての側面を理念、法律、仕組みにしていくことが人間社会には必要なのです。

それは、これまで解説した人間の脳の仕組みがあるために仕方のないことなのだと肝に銘じていくのです。

オリンピック憲章があるのもJリーグの百年構想があるのも、FCバルセロナに理念があるのもその理由なのです。**メディアにはそのようなスポーツ理念がないので、どうしてもメダルの数だけに注目し、メダリストだけを賞賛して盛り上げてしまうのです。バランスのとれたスポーツのあり方が形成された国こそ、スポーツが文化だと胸を張っていえる国だと確信します。**

2020年に向けて改めて日本がそうなることを心から願ってやみません。それこそが東京オリンピック2020のレガシーなのだと確信します。

練習は不可能を可能にする

スポーツが持っている人生を豊かにする3つの宝

私も慶應義塾塾員の端くれなのですが、経済学者でもあり教育家でもあった元慶應義塾大学塾長の小泉信三氏を心から尊敬しています。彼が昭和37年10月に行った慶應義塾大学体育会創立七十周年記念式典の講演は、私のスポーツ概念の基礎にもなっている素晴らしい内容です。ここで小泉信三氏の講演記録の一部を紹介しますのでぜひお読みいただきたいと思います。

「スポーツが与える三つの宝—慶應義塾体育会創立七十周年式典記念講演」より

私は明治四三年に塾の政治科を卒業した者でありますが、在学中は大変体育会のご厄介になりました。（中略）しかしもし在学中に塾の体育会というものがなかったならば、私の慶應義塾における生活ははるかに貧弱な、またさびしいものであったであろうと思います。

（中略）

スポーツがわれわれに与えるところの三つの宝というのは何々か。私は**第一は練習の体験を持つということが、われわれのスポーツによって受ける最も大なる恩恵の一つであると思います。練習によって不可能を可能にするという体験、これをわれわれは体育会の生活によって得たと思います。**

人類の歴史を大観すれば、その歴史というものは、私は大体において不可能を可能にしていく経路である。（中略）その不可能を可能にするのはいかにして行なわれるか。

第一は発見発明によります。鳥のように空を飛びたい、魚のように水を潜りたいということは、人類あって以来の宿願でありましたけれども、今日われわれはいかなる鳥よりもいかなる魚よりも、よく空を飛び、水を潜ることができる。これは発見発明によって可能となったのであります。月の世界に遊ぶということは不可能な空想の異名でありましたけれども、今日はもう月の世界に遊ぶということは空想でない、昨日月への飛行から帰ってきたという人に会っても、もはやわれわれはさほど驚かないだろうと思う。（中略）

けれどもいま一つ不可能を可能にするものは何かといえば、練習であります。練習によってわれわれは不可能を可能にする。まあ早い話が水泳で、水泳を習わない者は水に落ちれば溺れて死ぬ、水泳を知っている者は浮かぶ。水に落ちればすぐに死ぬ動物と水に落ちても生きる動物とでは全然別種の生物だと言ってもいいくらいでありますが、練習によってわれわれはそれをなし遂げ得る。

また子供が水に落ちたのを見てそれを救うことができないか、あるいは水に飛び込んでそれを救い得るかということは、私は道徳的にみて非常な違いだと思いますけれども、この道徳的な非常な違いは練習によって得られる。

スポーツはこの体験をわれわれに与えるのであります。**理屈でも説教でもない、ただ練習によってわれわれは不可能のことを可能になし得る。**まあ例えば水泳の飛び込みで十メートルの高さから水に飛び込む。これはいかなる勇士といえども、練習することなしにはできないと思います。百メートルを十五秒で走るということは運動選手の間ではむしろ笑うべきことでありましょう。けれども全く練習しない者は百メートルを十五秒かけても走ることはできない。このように**無数の不可能が練習によって可能となるという体験は、われわれの人生において非常な大切な体験でありますが、皆さんは、また私どもは体育会の生活によってその非常な大切な真理を身に備えた、体得することができた**と言えると思います。

孔子の論語の初めに、「学んでしこうして時にこれを習う、またよろこばしからずや」（学而時習之不亦説乎）というのがありますが、ならうというのは習という字が書いてあります。習という字は羽の下に白と書く。これはひなどりがはばたいて飛ぶことを習う形を表わしたものだということでありますが、ひなどりは初めは飛ぶことができない。羽をはばたいて幾度か繰り返すことによって空にかけることができる。諸君も体育会の生活において、到底できないと思ったことがただ練習を重ねることによって可能となったという、非常な尊い体験をお持ちであろうと思います。

亡くなった体育会の先輩の一人であります伊藤正徳君は各種の運動に秀でた選手でありました。ことにテニスは当時の日本における一流中の一流でありましたが、この人が後年ゴルフを始めて非常な速やかな進歩で、私はゴルフのことをよく知りませんけれども、ゴルフを始めて一年でハンディキャップ・セブン、これは驚異的な進歩ということでありますが、驚異的な進歩を示した。人がさすが伊藤の運動神経は違うといってほめました時に、伊藤君ははなはだ不満で、私に向かって、自分のゴルフの進歩は運動神経のためじゃない、自分が練習したからだ。ただどこまでも厳しく、規則正しく、また油断なく練習を続けるという習性は、塾の体育会時代に得たものだということを伊藤君は述懐したことがありますが、これは私は今日おいでの皆さんはみなうなずかれることであろうと思います。

天才とは異常の努力をなし得る人が天才だという言葉がありますが、体育の問題につきましても、われわれは器用とか無器用ということは問題でなく、いかによく練習に耐え得るかということが大切である。それはまたわれわれの生涯にとっても極めて貴重な真理であると思いますが、これを皆さん、ことにここにおられる若い学生諸君は、体育会の生活によって、この尊い真理を身につけることができるということは、よくおわきまえになっていただきたいと思います。先輩の一人としてそれを言いたいと思います。それが第一の宝です。

第二の宝は（中略）**フェアプレーの精神です。フェアプレーというのは何かといえば、正しく戦え、どこまでも争え、しかし正しく争え、卑怯なことをするな、不正なことをするな、無礼なことをするな、**こういうことです。フェアプレーという言葉は英語でありますが、日本には昔から〈尋常の勝負〉という言葉があり、また負けっぷりがいいとか悪いという言葉がありますから、フェアプレーということは日本人によくわかる。しかしわれわれはやはりこの体育会の生活によって、フェアプレーがいかに尊いものであるか、またアンフェアなプレーを憎むという気持は、私自身について言えば、やはり体育会の生活の間に教えられたと思います。今日ここにお見えになっている学生諸君は後年諸君が年をとられてから、体育会にいた間に何を身につけたか、何を学んだかというちに、必ずフェアプレーの尊いことを知るということが、その一ヵ条であると私は確信します。

英語で「ビー・エ・ハード・ファイター・アンド・エ・グッド・ルーザー」（Be a hard fighter and a good loser!）ということがありますが、ハード・ファイターというのはあくまでも果敢に戦う人、そしてグッド・ルーザーというのは負ける時に潔よい人ということであります。**果敢なる闘士であっていさぎよき敗者である。**これは諸君が体育会の生活によって身につけられる最も大切な宝を私は三つ教えますけれども、三つのうちの一つとしてご披露したい。

十年ほど前に私はロンドンにおりましたが、ちょうどダービーの競馬があって、そこに今のエリザベス女王の持ち馬が出場する、女王は非常な馬好きで、また競馬に熱心な方でありますす。ところがそのときに出場した騎手で、サー・ゴードンという有名な非常に人気のある騎手が、これは女王の馬に乗らないで他のサッスンという人の馬に乗って、それが一着になった。国民は女王の馬が一着になり得なかったことを惜しみながら、この人気のあるサー・ゴードンの乗った馬が一着になったことを大変喜んだ。そのときに女王は熱心に自分の馬の勝利のために応援しておられましたが、勝負がついて自分の馬が負け、サー・ゴードンの馬が勝った、そのサー・ゴードンをロイアル・ボックスといいますか、皇室のさじきに招かれてそしてそこで握手を賜わった。

その写真が出ておりまして、クィーン・ザ・グッド・ルーザーと書いてありました。潔よく敗れてクィーン、グッド・ルーザーと書いてありました。敗れていさぎよきクィーン、グッド・ルーザーというのはそういうことであります。皆さんもそれを体育会の生活のうちに身におつけになることを切に祈ります。

三つの宝の第三は友です。（中略）私自身も自分の過去現在を顧みて、私の最も良き友を体育会の生活のうちに得たことを深く感謝するものであります。諸君が**何を言っても誤解しない友、また何でも言える友、喜びを分かち、また苦しみを分かつ友、これを持たれることは諸君の生涯の宝でありますが、運動競技の体験を共にした間に得る友というものはこれは格別であります。**花や木は太陽の光を得て育ちますが、われわれの心に持っておる良いものはやっぱり良き友を持つことによって育つ。ひまわりという花は太陽の方に常に顔を向けるということでありますが、ひまわりに限らず、花も葉も日の光を得て植物は茂る。それと同じように、われわれの心に持つ良きものは、良き友を得て茂るのであります。その友を得る機会は人生のさまざまな場面においてありますけれども、**運動の練習を共にした友、共に試合に出た戦友とも言うべき友、あるいは敵味方となって争ったその相手の人々、それはわれわれの生涯にとって最も大切な友になり得るのであります。**

私は慶應義塾体育会の生活を持ったことを、やはり過去を顧みて非常なしあわせだったと思いますが、そのしあわせを数えれば私はこの三つの宝を得た、そしてまた皆さんもそれを得られた、ことに若い諸君は今それを得つつある、得つつあるその宝を大切になさるようにということを申し上げたいのであります。今日はまことにありがとうございました。

『練習は不可能を可能にす』（小泉信三／慶應義塾大学出版会）

この3つの宝物こそが、勝敗の向こうにあるものだと私は確信します。すべては人生に通じる財産だからです。そして**この3つは人生を豊かにするすべての人に通じるものでもあることが何よりも大事**なのです。

諸外国に見るスポーツのあり方とは

ヨーロッパの歴史からスポーツの本質を読み解く

スポーツとは何か、ということこそが本書の命題ですが、それを考えるためにもヨーロッパの諸外国では、スポーツにどのような歴史がありどのような考えを持っているのかを少しだけ、わかる範囲で紐解いてみたいと思います。

まずはスポーツ発祥の国といえば、イギリスです。イギリスがなぜスポーツ発祥の地となったのかについて、いくつかのデータを参考に考えてみたいと思います。

イギリスは、世界中にあったスポーツの芽となるさまざまな遊びとしての活動に、統一のルールを作ったということが、スポーツにおいて重要な役目を果たしたといえます。ルールがなければ、スポーツの類似の活動として、人間の認知の暴走が起こってしまうからです……。

ボクシングのルールは19世紀のイギリスで作られました。単なる殴り合いをスポーツにするため、グローブ着用やラウンド制を定めて、公正な戦いとは何かを規定し、スポーツとしての地位を確立したのです。

ルールができたことでスポーツが競技として一般に普及していき、チーム・個人ともに公平な条件でスポーツを戦えるようになりました。スポーツの公平性はイギリスによって確立されたといっても過言ではありません。それこそがスポーツの文化性の始まりです。

また、産業革命を経て、19世紀半ば以降、人々に時間的・金銭的な余裕が生まれたことも近代スポーツの発展に大きく寄与した出来事だったでしょう。もともと中世の封建社会から受け継がれている騎士道精神を、この産業革命後に台頭してきた新興ブルジョワジーが受け継ぎ、ジェントルマン的にスポーツを通じてそれを表現しようとしていったことが、イギリススポーツを進化させたのではないでしょうか。

このブルジョワジーたちは精神的な裕福さ、教養を求め、文化的な活動の一環としてスポーツを考えるようになっていったのだと思います。

そして、キリスト教的祝祭日にも、さまざまなスポーツ活動があらゆる階層の人々に楽しまれていきます。さらには教育としてのスポーツも意識化されて、その結果として人間としての教養を高めるためにも、コーチのような師範と呼ばれる人たちが生まれて、そこにスポーツを通じた人格形成のための指導をする仕組みが生まれていくのです。

スポーツの文化性が確立されていったのは、時間や金銭の余裕によって生まれた遊びをルール化し、それを人間の教養として人格形成に活かそうとした時代背景がイギリスにはあったのです。

その後、西欧諸国が福祉国家化していく中で、スポーツ政策もその一環として取り上げられました。しかし、イギリスは近代スポーツの発祥地にもかかわらず、スポーツは国から積極的に支援されず、自らの私財で享受するものというアマチュアリズムの徹底が災いして、他のヨーロッパ諸国や北欧の国々の「スポーツ・フォー・オール」政策（解説は次ページ）としては出遅れたといいます。

しかし、高度経済成長による機械化は、国民生活の省力化、食事の高栄養化を招き、体力構造が歴史上はじめて「大量摂取・少量消費」の時代に突入しました。それにより、こうした社会の高度化が、肥満や糖尿病などの生活習慣病を増加させ、医療問題を深刻化させていきます。ここにもスポーツの可能性と存在意義を見出されることは間違いないでしょう。

もちろん日本にも通じる問題です。こうして国民のスポーツ参加は、国の健康政策としても重要な内容となりました。

イギリスに見るスポーツ振興政策

また、高度経済成長は先進国での国民のさまざまな権利意識を高揚させ、スポーツに参加する権利（その条件整備をすることは公共機関の義務）という「スポーツ権」を誕生させました。「スポーツ・フォー・オール」政策はその具現化になります。「スポーツ・フォー・オール」政策とは、スポーツが一部の特定の人たちのためのものではなく、あらゆる人たちがその恩恵を享受するべき基本的な人権であるという認識にたち、スポーツをすべての人に広めようとする運動をいいます。「生涯スポーツ」というと、わかりやすいかもしれません。

こうした中で、イギリスは出遅れていた「スポーツ・フォー・オール」を推進させるべく、その母体としてネオ・コーポラティズム（政府と企業、労働組合あるいは民間組織、住民組織との連携のもとに政策の作成、推進を意図する政治体制）の一環で、非省庁公的機関のスポーツカウンシル（スポーツ振興のための組織）を誕生させます。「福祉向上の手段」としてスポーツ政策を充実させていったのです。

１９９７年に発足したブレア政権は２０００年代に入ると「世界一のスポーツ立国」へ向けて、空前の政策を推進していきました。ここで重要なことは、スポーツが福祉向上、具体的には国民の健康促進、地域融合等の課題、さらにスポーツ関係者の採用による雇用促進の有力な手段として位置付けられていることです。そしてエリートスポーツは、イギリスのナショナリズムの推進を担っています。

そうした状況の中、２００５年にロンドンオリンピックの２０１２年開催が決定し、これによって、イギリスは「オリンピック・レガシー」のスローガンのもとに、オリンピックで残すべき遺産としてメダルの数よりも、国民のスポーツ参加の向上に焦点をあてて、いっそうの努力を払っていくことになったのです。

このスポーツ立国「オリンピック・レガシー」の考えは、結果としてイギリスのロンドンはもちろん、リオオリンピックでのメダル増加にも繋がっていったのだと思います。２００８年に「勝利を楽しむ：スポーツの新時代、Playing to win: A New Era for Sport」宣言があり、その後のスポーツ概念はこのように理解されています。

「勝利を楽しむ」の表現から見れば、もっぱら競技スポーツをイメージしそうですが、実際はそうではなく、たとえば子どもたちのスポーツ参加を促進するために、競争性の緩いゲーム的なスポーツにも参加させ、「スポーツパートナーシップ」という各地域の指導員の存在などによって、スポーツの振興が図られています。

この点から見れば、身体運動を伴うもの全般を「広義のスポーツ」と定義し、あらためて「文化としてのスポーツ」を意識しているように感じます。

そして、実際にはイギリスにおけるスポーツの担い手は、国内に15万ほどある地域スポーツクラブです。そこには平均1クラブに100人が所属していて、イギリス国内では6000万人の人口のうち、1500万人、25％程度の人々が自身の地域スポーツクラブに、つまりは4人に1人がスポーツクラブに所属し、「スポーツ・フォー・オール」を推進しているのです。

イタリアに学ぶスポーツの文化性

次にイタリアのスポーツ事情について述べたいと思います。これまでのイギリスの話は少し硬い歴史的な話だったので、イタリアは私の少ない経験の中での私自身の印象をもとに私見を紹介してみたいと思います。

イタリアといえば芸術の国というイメージがあります。さまざまな名画をはじめとして世界遺産となるような美術品が目白押しです。ファッションもイタリアは世界をリードしていますし、オペラをはじめとしたクラシック音楽も有名で、イタリア料理も世界中のあらゆるところで食され、あらゆるイタリア文化が、世界へと発信されています。

そのイタリア文化から学ぼうと、日本からイタリアへ留学したり、ビジネスの世界でもその文化を研究したり、コラボレーションしています。

また、イタリアには「セリエA」という世界有数のプロサッカーリーグがあります。

「セリエA」は、じつはサッカーだけにとどまらず、バスケットボールやバレーボールなど地域のクラブを中心にしたリーグとしてとても盛んです。イタリアは芸術の国でもありますが、同時にスポーツの国でもあるのです。

人口は日本よりも少なくイギリスとほぼ同じ約6000万人。彼らには人生を楽しむというフィロソフィ（哲学）が根底に流れているように感じるので、芸術もスポーツも、人生を楽しむという点で、垣根がないように思います。

個人的には、次女がイタリアの国境と接していたスイスのルガーノという街のアメリカンスクールに留学していたため、日本から直行できる最も大きな都市であるミラノに、年に数回行く機会がありました。

ミラノに訪れた際に、ミラノ庁舎の中のスポーツ担当局を訪れて挨拶したことがあります。芸術とスポーツについてそれぞれどう考えるのかと彼らに尋ねると、「どちらも人生を豊かにするもので、実際に携わる人はそれぞれ違うが、どちらもそれぞれがそれぞれの興味を持って触れあっている」といってました。芸術家もカフェでサッカーや、セリエAのさまざまなスポーツを語り、一方、スポーツ選手も、オペラに行ったりファッションにも興味を持ったりと、人生にとってどちらも必要で、それぞれの存在は同じことなのだと、スポーツ局の人は説明してくれました。これこそ「元気・感動・仲間・成長」を感じて生きていくことが人生の目的であり、すべてが文化なのだなと、実感したのです。

生活を豊かにするミラノのスポーツイベント

ミラノには毎年秋の週末に「ミラノ・スポーツデー」という大きなイベントがあり、ちょうど2年連続でそれを目の当たりにすることができました。

DUOMO《ドゥオーモ》（大聖堂）の前の広場をはじめ、ミラノの高級ブランドショップが立ち並ぶ街の中心街が、さまざまなスポーツの場に変身します。街のいたるところに、バレーボールコートができ、ミニサッカーのピッチがあり、バスケットボールコートがあり、フェンシングやゴルフのできるところ、クライミングやボートのエルゴを漕ぐところ、大きなチエスをやるところがあり、どのような人がそれに参加しているのかわかりませんが、とにかく街中にスポーツが溢れているのです。

日本でいえば、銀座の4丁目を挟む銀座通りと港区の増上寺の周りが全部スポーツで占拠されるようなイメージでしょうか？　そこには美味しい食があり、ファッションがあり、すぐそばにはミラノ座の一流の音楽があり、そしてスポーツがあり、キリスト教の教会も同時に混在したユニークな空間でした。そこで感じたのは、この空間にあるすべてのものは、人間生活を豊かにするためのもので、そして、人間生活を豊かにするものはすべて人間活動、すなわち文化なのだと理解できました。

どうしてこのようなイベントをするのかと、やはりミラノ市の市庁舎の担当者に伺うと、とにかくスポーツに関心を持ってもらいたいということと、多くの住民の方々にただただ楽しい時間を過ごしてほしい、という想いで企画している、とのことでした。

予算的にはまだまだ厳しく、開催が危ぶまれるとのことでしたが、私には貴重な経験でした。いつか日本でも同じようなイベントを開催したいと思っています。

イタリアの各地域が育むスポーツの価値

では、イタリアではどのようにスポーツが行われているでしょうか。イギリスのように各地方の地域クラブが中心になっています。

プレイするスポーツもそうですが、観るスポーツも地元のクラブを応援することを通して、大いに確立されています。したがって、セリエAのリーグ戦はまさにスポーツの枠を超えた都市間の代理戦争のようなものから生まれていたのでしょう。

イタリア人の多くは自分のことをイタリア人と思っていないそうで、ミラノ人、フィレンツェ人、ジェノヴァ人、ローマ人、ヴェネツィア人と思っており、都市ごとの意識が極めて強い傾向にあります。明治時代以前の日本には、自分を日本人と思っている人は少なく、ほとんどの人は「薩摩人」「土佐人」「尾張人」などという意識でいたといわれていますが、これと同じ感覚かもしれません。

イタリアがこのように都市間の対抗意識が極めて強い状況になった原因は、イタリアという国の成立過程を知ればよく理解できます。イタリアという地名は中世の頃からですが、現在の統一国家の形になったのは1861年のことです。今からわずか150年ほど前ですが、それまでの数百年間は北部にはヴェネツィア共和国、フィレンツェ共和国、ジェノヴァ共和国、ミラノ公国、サンマリノ共和国（現存）などの都市国家が分立、南部にはナポリ王国やシチリア王国、ローマ教皇領などの領域国家があって、それらが互いに戦争を繰り返していました。

その歴史は統一国家になってからも人々の記憶の中に残されているのでしょう。そしてサッカーのリーグ戦が、かつての都市国家同士の戦争の代わりをすることになったのだと考えられます。法律もこのような地元主導をバックアップしていると聞きます。イタリア憲法によれば、スポーツ法制に関する事項は、国と州がともに権限を有することが定められており、権限が競合する場合には、州に立法事項に関する権限の優越があるとのことです。国は、スポーツに関する法制について基本原則を定めるが、スポーツ行政に関する立法権は州のほうが強いのだそうです。

日本のスポーツ現場の貧しい実情

イギリスやイタリアは各地域にクラブがあり、さまざまなスポーツに触れることができます。プロスポーツとして観るだけでなく、子どもたちはそのクラブ組織で、さまざまなスポーツに触れることができます。

一方、日本はどうでしょうか。たとえば、中学高校では、ひとつの部活に所属してひとつの競技だけをやるという制度があります。部活以前のクラブでも、野球なら野球だけ、サッカーならサッカーと、種目別のチームしかないのが現状です。さまざまなスポーツに触れ、子どもたちが持っているさまざまな可能性を広げる機会がほとんどない、といってもいいでしょう。

たとえばアメリカは、シーズンスポーツが多いので、どんなプロアスリートでも学生時代にはいろいろな部活に入って、季節に応じてさまざまなスポーツを必ずといっていいほど経験しています。アメリカンフットボール、野球、陸上競技、アイスホッケーなど、個々人の才能をあらゆるスポーツで開花させるチャンスがあります。

ヨーロッパは地域のクラブ制なので、自ら種目を選べるし、その強度も選択できます。地域にもいろいろなクラブがあるので、たとえばそのクラブの雰囲気やクラブの目標が自分と合わなければ、変えることもできます。

一方、**日本の場合で一番悲惨なのは、指導者と合わないケースです**。チームを辞めたとしたら、そのスポーツそのものを辞めるということになってしまうのです。別のチームに移ろうにも、あるいは別の種目をやろうにも、他に選択肢がないからです。いってみれば、**指導者にそのスポーツを人質に取られているような状況です。そこに体罰へと繋がる社会的背景が内在している**といえるでしょう。何をいっても何をしても許されてしまう。プレイヤーはスポーツを人質にとられているため「ハイ」「はい」しかいえない……。

また、そのような状況は、指導者やコーチに競争が生まれにくいので、指導者のレベルアップも起こりにくいのが現状です。

そのような悩みを抱える子どもの保護者の方から、よく相談を受けます。チームを辞めたいけど、そのスポーツができなくなるのはもっとつらいことなので、どうしたらいいか、という相談が多々あるのです。冷静に考えると、大好きなスポーツを辞めてしまうのか、ということと、そのチームを辞めるかどうか、というまったく次元の違うことが、同じ土俵の上で語られてしまっているのです。このような状況はどう考えても、子どもはもちろん、指導者や保護者にとっても不幸といえるのではないでしょうか。

スポーツのディズニーランド「エミネランド」とは

私は先に述べてきたような問題意識から、スポーツの文化的価値をなるべくたくさんの子どもたちに実際に体感してもらうために、スポーツのディズニーランド**「エミネランド」**というイベントを各地の教育委員会とコラボレーションして、企業のサポートを得ながら行っています。

ディズニーランドはどんなイメージでしょうか？ ディズニーランドといえば、誰もが夢や愛を感じて笑顔になる楽しい場所です。世界中の老若男女すべての人が楽しめる空間と時間がそこにはあります。**「エミネランド」はスポーツで勝つ負けるではなく、また上手い下手ではなく、すべての子どもや参加者たちが「元気・感動・仲間・成長」を感じられるような、そんなスポーツのイベント**です。

学校では体育や道徳・総合学習の時間を使って、スポーツを競技と呼ばずアトラクションと呼び実践します。「競い合うのではなく楽しむ」という印象を子どもたちや参加者たちにまずイメージしてもらいます。

ひとつのアトラクションを40分程度で構成し、ひとり2つから4つのアトラクションを体験するというプログラムです。アトラクションはタグラグビー、ソフトラクロス、チアリーディング、車椅子バスケ、ブラインドサッカー、ネットボール、空手、一輪車などをコーチたちと相談して準備します。

最も大事なことはコーチの存在です。コーチは「エミネランド」の主旨をよく理解し、そのアトラクションの特徴を熟知して「元気・感動・仲間・成長」を子どもや参加者に体験させることのできる存在です。

たとえばサッカー好きの子どもに、サッカーのスキルを向上させることのできるコーチは多々いますが、サッカーが苦手や興味の低い子どもたちに、「元気・感動・仲間・成長」を感じてもらえるようにサッカーを提供できる（＝アトラクションを提供できる）コーチは、残念ながら多くありません。

日本では、体育の日にさまざまな場所で子どもたちがいろいろなスポーツを体験できるイベントがよく実施されています。一見すると、子どもたちはさまざまなスポーツに触れているようなのですが、ほとんどの子どもは、ひとつの競技だけを、上手くなるためだけに体験しています。いつも野球をやっている子どもは、野球のコーチに野球のスキルだけを教わるという構造のイベントです。「エミネランド」は違います。

そして、「エミネランド」のコーチたちの共通点はスポーツの文化的価値を熟知してスポーツに接しているということと、スポーツを心から信じているところが違います。

スポーツがそもそも持っている文化的価値に任せることができれば、スポーツが参加者に「元気・感動・仲間・成長」を感じさせてくれる。コーチは教えるのではなくスポーツそのものが導いてくれると理解し場を提供するのです。そんなスポーツでみんなが笑顔になる「エミネランド」をNPO法人「エミネクロス・スポーツワールド」で展開しています。私のスポーツは文化だという日本を作る志を実現するための活動です。

日本のあるべきスポーツの姿

さて、イギリスやイタリアにあるクラブ制のようなものが、日本でもまったく同じように導入される必要があるかといえば、必ずしもそうだと私は思いません。ただ、私が本書を通じて申し上げたいことは2020年の東京オリンピックに向けて、日本独自の文化としてのスポーツのあり方を、国を挙げてきちっと確立してほしいということに尽きます。

日本はイギリスと同じく島国としての伝統があり、スポーツも武道というイギリスの騎士道と類似したものがありますし、イタリアのように地元色を重んじる生活があり、歴史的に見ても、スポーツ以外の芸術や美などに対する高い感性があることなどを考えると、イギリスやイタリアから学ぶことが多々あるだろうと思うのです。

スポーツ大国のアメリカから学ぶことも多々あると思いますが、歴史のある国からそもそもスポーツとは何かを考えるヒントをもらって考えてみてもいいのではないでしょうか？　イギリスはルールから始まり、スポーツの教養と人格形成の側面とスポーツマンシップやノーサイドといった精神、一方、イタリアは地元愛や楽しむことの重要性、すなわちプレイすることの意義が、私の考えるスポーツの価値に通じるものとして、この２つの国からは垣間見ることができます。

一方、現在の日本では２０２０年に向けてインフラとお金、そしてメダルの数の話はあらゆるところで耳にしますが、肝心要のスポーツに対する考えについては、どこからも新たに出ていないのではないかと心配でなりません。何をレガシーとして後世に残し、世界に日本オリジナルのスポーツのメッセージを発信するのか!? 真剣に考えていかなければならない大きな課題だと思います。

POINT

- スポーツは徳育・知育・体育であり、総合的人間の人格形成に役立つ文化だ。
- 「練習が不可能を可能にする体験」「フェアプレーの精神」「友」の３つがスポーツを通して得られる人生を豊かにする宝物。
- スポーツが文化としてとらえられるようになるには、その文化的価値を熟知しているコーチ・指導者が育つことが必要。

第3章

日本古来の武道からスポーツの真髄を垣間見る

武道に学ぶ「勝敗の向こうにあるもの」

勝利ではなく、人間形成を目指す武道

これまで、イギリスやイタリア、アメリカなど、スポーツの歴史や制度、文化的価値について触れてきました。ではここで、日本のスポーツについても歴史をふまえて少し考えてみたいと思います。日本のスポーツといえば、日本固有の文化「武道」があります。武道とスポーツは別だとおっしゃる武道関係の方もいらっしゃるかもしれませんが、どちらもそもそも人間を豊かにする文化だという視点があれば同じだと私は考えています。

武道とは、武士道の伝統に由来する日本で体系化された武器の修練による心技一如の運動文化です。柔道、剣道、弓道、相撲、空手道、合気道、少林寺拳法、なぎなた、銃剣道を修練して心技体を一体として鍛え、人格を磨き、道徳心を高め、礼節を尊重する態度を養うことを目的とした日本固有の文化です。

武道は、もともと国家、社会の平和と繁栄に寄与する人間形成の道と考えられてきたのです。

スポーツは勝つことが目的とされがちですが、そもそも武道は人間形成を目指しており、競技に勝つことが命題ではないと考えられています。柔道がオリンピックに導入されて以降、多くの武道で競技が重視されるようになっていきました。武道の悪しきスポーツ化でしょうか。

しかし、クーベルタンの教えのように本来近代スポーツも武道と同じような精神を持つものでした。しかし、スポーツの競争と遊戯性のみが全面に出てしまい、本来の共通性が忘れられていき、区別されるようになってしまったのです。

日本におけるスポーツのあり方が変わり本来のスポーツスピリットに通じる精神が失われ、場合によっては武道がスポーツの表面的な部分に近づいてしまったように私には思えてなりません。

もともと武道は、殺すか殺されるかの武士の真剣勝負の中から生まれたのに対し、スポーツは遊戯、娯楽から始まったのは確かなことです。そこで、武道は人格形成、スポーツは勝利至上主義と固定化されてしまったことへの憂いが個人的にはあります。

私はもっと人間としても、また文化的にも両者を見ていくことの重要性を訴えたいと思っています。

アーチェリーと弓道を例に挙げると、一般的にはアーチェリーは的に矢を当てることを目的として競い合う競技であり、一方の弓道は、命中精度より姿勢や呼吸などの振る舞いの美しさや心構えを重視しています。同じ矢を当てるものとはいえ、武道とスポーツでは目的が異なるように伝えられています。しかし、アーチェリーでも精神統一なくして矢は的には当たらないし、弓道でも全日本選手権があり、矢を的に当てることを競い合う部分があるのもまた事実です。

どちらも肉体鍛錬や精神修養を大事にした人間活動であることは間違いのない共通点だと考え、そこを見失わないようにしたいというのが私の考えです。

武道の精神からスポーツの意義を問い直す

もう少し武道を掘り下げて考えてみたいと思います。武道は勝負を第一とせず、精神性を重視していることがあらためて特徴です。**武道の心構えとして、「礼に始まり、礼に終わる」や、剣道における「打って反省、打たれて感謝」という言葉は、礼節をわきまえ相手を尊重することを大切にしている証**です。それはそのほうが強くなるからであり、その向こうに勝利というものが必然的にやってくると考えているからなのだと思います。

また、ほとんどの武道に共通する心身の構えとして、「残心」という言葉があります。「残心」とは勝負が決してからの心のあり方を示し、勝負が決まっても常に油断せず、相手のどんな反撃にも対応できるような身構えと気構えを表しています。そのため、剣道の試合では、勝者がガッツポーズやＶサインをした瞬間に一本が取り消され、負けをいい渡されることがあります。勝敗の喜びや悔しさといった感情を表に出すことは「残心」がない振る舞いであり、武道精神に反するからです。「勝って驕らず、負けて腐らず」という言葉は残心を表しているといえるでしょう。つまり、今ここに生きることの大切さを武道を通じて学ぶことなのです。

このような心構えからも、武道が人格を磨き、人間形成を目指していることは間違いないといえるでしょう。**私は日本のこの武道の精神と近代スポーツの真の存在意義との共通性に目を向け、通常見えにくいスポーツの価値を思い起こしてほしい**と願っています。

もともとのスポーツの存在価値は、先に述べた小泉信三氏の講演やこの後ご紹介するクーベルタン男爵の言葉からもわかるように本来は同一だったのです。２０２０年東京オリンピックで示すべき日本のあり方はこの武道精神なのではないかと個人的には考えています。武道を通してスポーツの本来持つ文化的価値を世界にあらためて発信していくことなのかもしれません。そのことが世界中の人やこれからのスポーツのためになるのだと確信します。

「弓と禅」から学ぶこと

武道の精神でスポーツを捉え直す

スポーツをあらためて捉え直すのに重要なことは、結局のところスポーツの人格形成に繋がる部分、すなわち文化性をどの程度大切にするのかということに尽きるような気がします。

先述したように、人間は認知脳という機能があるので、結果至上主義、物質至上主義になりがちです。それが資本主義社会を基盤として人間らしい文明の発展をもたらしているのです。スポーツでいえば勝ちたいというエネルギーです。ビジネスでいえば儲けたい、人生でいえば成功したいということです。スポーツはこの認知的なエネルギーだけを満たす活動なのか、本質はそうではなく、一方で心とか質とか人格形成とか愛や進化を大事にし、それを育む文化なのかという大きな問いかけなのだと思います。

技とともに試合の結果や勝ち負け、メダルの数だけに注目するのがスポーツだとすれば、認知的な側面だけをスポーツに見ていることになるでしょう。人間は認知脳が中心の生き物なので、スポーツをする人も観る人もマネジメントする人も、油断をするとその側面だけを捉えてしまうのです。

これはマスコミがいい例です。すべてのマスコミがそうだとは思いませんが、メダルの色や数、そして勝敗だけに奔走しています。私は決して勝たなくてよいといっているのではなく、その勝敗を目指して、その向こうにあるものをスポーツの価値と認めて信じられるのかということだと思います。

もしくはそれを大事にする仕組みを、国として有していくことが「スポーツは文化だ」という成熟した社会になってくるのではないかと考えています。

日本で育まれた武道の多くは、そうした側面を大事にして日本に根付いている文化です。イギリスをはじめ欧米からやってきたスポーツも、武道と同じように捉えてみるというのはいかがでしょうか。

私は武道の専門家ではありませんので、私の知っていることでしか述べることはできないのですが、その点を貫いている日本の武道のあり方の一端を、こうしてスポーツ関係者やたくさんの方に本書を通じてお伝えすることで、スポーツの本来ある文化的価値が新たに見えてくるのではないかと願っているのです。

スティーブ・ジョブズが学んだ弓道の精神性

さて、スティーブ・ジョブズが信奉していた禅的な考え方や、武道の精神について書かれているオイゲン・ヘリゲルの『弓と禅』（福村出版）は、まさに武道の真髄をそこから学べることを表しています。

ここからスポーツの文化性、武道との共通性、そして武道の可能性に気付いていただけるとありがたいと思います。以下一部を引用します。

「『弓の弦を引っ張るのに全身の力を働かせてはなりません。そうではなくて両手だけにその仕事をまかせ、他方腕と肩の筋肉はどこまでも力を抜いて、まるで関わりのないようにじっと見ているのだということを学ばねばなりません。これができて初めてあなた方は、引き絞って射ることが〝精神的に〟なるための条件のひとつを満たすことになるのです』『あなたにそれができないのは、呼吸を正しくしないからです』と師範は私に説き明かした（中略）。息を吐く時、できるだけゆっくりと、連続的に吐き出して次第に消えて行くようにすることに、非常な重点を置いた」「一年たってやっと弓を〝精神的に〟すなわち力強くしかも骨折らずに引くことができるようになる」

「次は放れの番であった。（中略）放れとは、親指を包んでいる三本の指が開かれて親指を放すことをいう。弦の強力な引っ張りによって親指は引き離され、伸ばされる。そして弦はぶるんと音を立て、矢はひょうと飛んで行く」

「『あなたは何をしなければならないかを考えてはいけません。どのように放れをやるべきであるかとあれこれ考えてはならないのです。（中略）右手を故意に開いてはいけないのです』と。」

「何週間も何ヵ月も効果のない稽古が続いた」「『弓を引き絞ると、今すぐ射放さなければ引き絞っていることがもはや堪えられないと感じられる』」「『息切れが襲ってくる』」「『私はもはや射を待っていることができない』」

「師範は（中略）『あなたがあなた自身から離れていないからです』」「『意図なく引き絞った状態の外は、もはや何もあなたに残らないほど、あなた自身から離脱して、決定的にあなた自身とあなたのもの一切を捨て去ることによってです』」

「正しい放れに成功するためには、身体の力を抜いた状態をば、さらに心や精神の力を抜くことにまで続けて行わねばならない」「真底からして無我となることによってのみ、克服されうるものである」

「かなりの時が経ってからようやく、時々また正しい射ができるようになった」「正しい射が私の作為なしにひとりでのように放たれるということが、どうして起るのか（中略）これを説明することができない。ただそういうことが起ったという事実は確かである。そしてこのことだけが大切なのである」

「『今度やる新しいことは、的に向かって射ることです』」「『弓道の〝奥義〟は（中略）的のことは関知しません』」

「我々はすなおに稽古をし、狙いをつけずに射放した」「しかし続けているうちに、私はとうとうこのでたらめの射にどうしても我慢できなくなった」

「師範は（中略）私を慰めた。『あなたの念頭から中《あた》りを追い出しなさい！　あなたはたとえ射がことごとくあたらなくとも、弓の師範になれるのです。あの的の中りは、頂点に達したあなたの無心、無我、沈潜状態――その他なんとこの状態を名付けようと――の外面的な証拠、確認に過ぎないのです』」「時の経つ中に時々引き続いていくつかの射に成功して、それらが的にあたった」

「弓射はこのようにして、どんな事情の下でも、弓と矢をもって外面的にではなくて、自己自身でもって内面的に何事かを成し遂げるという意味をもつ」「日本の文化と禅とが極めて密接につながっており（中略）その特性をこの禅的基礎に負うており（中略）弓道はいわば禅の予備門を表す」

「呼吸への集中が内的に度が強くなればなるほど、外の刺激が色あせてくる。刺激は沈下してもうろうとしたざわめきとなるが、これは最初ぼんやり聞える程度であり、最後にはもはや邪魔に感じられないのである。例えば、ひとたび慣れるともはやほとんど聞こえぬようになる海のざわめきのように。時の経つにつれて相当に強い刺激に対してすら無感覚となり、同時に刺激から独立した状態が次第に容易にまた急速に現れてくる。ただ起居、坐臥の際できるだけ身体の力を抜いているように心がけさえすればよい。そして呼吸に集中すれば、やがて不透明な覆いによって隔離されているような感じがしてくるのである」

『弓と禅』（オイゲン・ヘリゲル／福村出版）

いかがでしょうか？　じつはどのスポーツでも本来はこれと同じ精神構造なのではないかと思っています。そしてそれは、ビジネスでも人生でも同様です。だからこそ、スティーブ・ジョブズはこの精神を弓道から学び、ビジネスに活かしたのだと思います。

スポーツの勝敗の向こうにあるものを感じ取り、その価値を享受するよう２０２０年に向けて、みなで考えていくべきだと思います。だからこそ、スポーツ・武道は文化であり、人生や社会の縮図なのです。

剣道はなぜオリンピックに参戦しないのか？

理念と仕組みで勝敗の向こうにあるものを貫く

日本の武道の代表のひとつである剣道界では、「剣道は剣の理法の修錬による人間形成の道である」という理念があり、先述した「打って反省、打たれて感謝」という言葉もそうした理念を表現しているもののひとつです。

剣道では勝つことが大事なのではなく、勝つことを目指す中での自身の成長を大事にしている道なのだという考えです。つまり、勝つことよりも、自身がより強くなることが重要なのだとそこに視点をおいているのです。

したがって、剣道の試合では一本を取ってもガッツポーズが禁止なのは、相手よりも優を誇示するために剣道をしているのではないからです。一本打って取ってもそこから反省し学び、一本打たれて取られたとしても、それを感謝し学ぶのです。それこそがより強い自分を作りだすのだという理念があるのです。このような教えや理念がなければ、人間は結果や勝利だけを追い求めてしまう、認知脳の暴走が起こってしまうことでしょう。社会全体、日本全体が、もしくは個々の日本人が弱くなっている現代社会においてこのような考え、理念がそもそも弱くなった状態で人生という試合を結果至上主義の暴走で歩むようになっているのではないかと危惧されてなりません。

さて、じつは近代オリンピックも同様の理念が強烈に存在していたはずです。つまり、近代オリンピックを創設したクーベルタン男爵の考えはこうです。

「オリンピックで最も重要なことは、勝つことではなく参加することである。同様に、人生において最も重要なことは、勝つことではなく奮励努力することである。肝要なのは、勝利者になったということではなく健気に戦ったということである」

「自己を知る、自己を律する、自己に打ち克つ、これこそがアスリートの義務であり、最も大切なことである」

勝つことよりも己が強くなっていくことを大切にしているのです。このような理念のもとにオリンピックは始まったのですが、そんなオリンピックですら私たちは油断をすると結果至上主義になり、メダルの数ばかりを考えてドーピングなど、法すら破って勝とうとしてしまうのです。人間のおろかで弱い部分でもあるでしょう。

剣道連盟はそんな人間の弱さを知ってか、断固たる決意をもって、自分たちの理念を貫くべく、オリンピックには参戦しないそうです。それによって自身の理念をも見失ってしまうリスクがあると判断したからなのでしょう。それは人間の仕組みをよく理解した上での決断かもしれません。本来はオリンピックも同じ理念のはずですが……。

さらに剣道界は、独自の仕組みを作って剣道の存在意義を守り抜いているのです。それが段位です。試合はどうしても勝つだけのためにやってしまうというリスクがあります。それは仕方のないことですが、それだけじゃないということを徹底するために仕組みとして段位を設け、勝敗以外のところに注意を向けさせるのです。

司法試験の合格率よりも低いといわれているのが、剣道連盟が主催している八段審査です。46歳以上でかつ七段になって10年以上の剣士だけに受験資格があり、その七段が200人受けて1人が合格できるかどうかという超難関の試験です。戦後まだ4000人しか八段に合格をした人はおらず、剣道の道を歩む約200万人といわれる剣士5000人に1人が到達できる、人間としての修業の証だと考えた境地、それが八段です。

年に2回、京都と東京で審査が行われています。全日本選手権で優勝した剣士ですら、簡単には合格できないそうです。八段の剣士の前で、七段同士で2分間の立合いをして**「八段に相応しい剣道をやっているか」を審査する**のです。それを1次、2次とクリアし、最後は筆記試験を通り抜けていくという八段に相応しい人間性を見ていく仕組みがあるのです。

武道としてのあるべき姿を理念の言葉だけでなく、仕組みにして貫いているのです。

オリンピックに参戦してはいけないとか、勝ちを目指してはいけないと申し上げているのではないのです。オリンピックも本来はクーベルタン男爵の掲げる理念があるのですから。しかし、油断すると歴史的にも脳科学的にも人は勝ちと結果の暴走に溺れてしまうということなのです。何度も申し上げるように勝ちを目指してはいけないというのではなく、勝敗の向こうにあるものを肝に銘じて、スポーツに携わる断固たる決意の重要性を何よりも主張したいのです。それがわかれば自ずとスポーツが文化であると腑に落ちるはずです。

それによって、スポーツの見え方も変わるでしょうし、触れ方も違ってくるでしょうし、そのほうが強くなり、かえって結果も出るのではないかといいたいのです。

剣道はすべてのスポーツの基本となる

そもそも剣道は日本においては、平安時代中期に、反りと鎬《しのぎ》を持つ独自の刀（日本刀）が作られ、以後、戦いにおける主要な武器として使われるとともに、次第に武士の精神的象徴として位置付けされるようになったことから始まっています。

このことから、刀は武士の心といわれるようになり、さらに、あるべき心を示すような強さと美を表す芸術品として開花しました。

一方、戦国時代から江戸時代初期にかけて、剣の操法としての剣術に多くの流派が生まれ、江戸中期には、剣道具が開発されました。この結果、竹刀によって行う剣術の稽古（竹刀打ち込み稽古）が定着し、道場における剣術の試合も幕末にかけて急速に広まり、明治維新を経て大正初期には、撃剣・剣術という語を「剣道」と改め、これが日本の武士の精神に基づく武道としての剣道であると説かれたのです。剣道は、このように日本の歴史の中で生まれ育ってきた文化なのです。

精神を重んじる剣道をはじめとする武道は、日本のすべてのスポーツの見本になると私は確信しています。

大相撲こそ真のスポーツの見本

大相撲こそ理想のスポーツのあり方

日本の武道であり、かつ最高のプロスポーツとして日本に現代においても確立しているのが大相撲ではないでしょうか。

日本における最高のプロスポーツはプロ野球ではなく大相撲だと私は思います。なぜなら大相撲は、武道精神を受け継ぎ貫いている文化としての営みを具現化しているからです。それが崩れてしまわないよう、人々の目、横綱審議委員、理事会、親方、幕内から横綱、三役といった番付などの仕組みが大相撲には存在します。それは歴史がそれを形成していった、文化としてのスポーツだからです。文化だからこそ損なわれると日本人全体の社会の目がそれを許さないようにもなっているのでしょう。

スポーツですから勝つために試合をするというのが当然、大相撲の柱になっています。しかし、その勝敗の向こうにあるものがしっかりと確立されているのです。

まず、大相撲は勝つためにやりますが、勝つことがすべてではないという仕組みや考えがたくさんあります。それは文化ゆえのことでしょう。たとえば、大相撲は神事だということ。そもそもそれが勝つことがすべてではないという大きな理由でもあるのです。横綱白鵬関がこの神事としての大相撲についてこう述べています。

「まず、相撲は格闘技の一つではないということだ。競技であることは間違いないが、神事であることを見落としてはいけない。（中略）大相撲における「神」とは、八百万《やおよろず》の神である。土俵のしつらえや力士が行う所作の一つ一つが、神と関わっている」

「とにかく土俵は神が降りる場所であるから、穢《けが》れを入れないのが大原則。だから、四股《しこ》は土の中にいる魔物を踏みつぶす所作であるし、取組の前に塩をまくのは、土俵に穢れを入れないためと、己の穢れをはらい、安全を祈るためである」

「立合いで手をつくように厳しく言われるようになったが、それにはちゃんと意味があり、悪霊を追い祓《はら》う所作なのである」

「勝負に勝って、懸賞金を受け取る手刀は、勝負の三神への挨拶《あいさつ》だ。手刀をする場合、手は左、右、中央の順に動くが、三神とは、左＝神産巣日神《かみむすびのかみ》、右＝高御産巣日神《たかみむすびのかみ》、中央＝天御中主神《あまのみなかぬしのかみ》を意味する。手刀とは、それらの神への感謝の意を示す作法である」

「土俵入りの意味としてまずあげられるのは、地面の下の悪霊を踏み潰《つぶ》すことである。柏手《かしわで》を打ち四股を踏む。そうすることで、地鎮、つまり地の神を鎮める目的がある。さらに、土俵を活性化させ、五穀豊穣を願う意味もある。「せり上がり」は見せ場の一つである。大きく四股を踏み、不知火型《しらぬい》ならば、両腕を広げ、足を地面に擦《こす》りつけながらぐいぐいとせり上がっていく。そして、上に向いていた手のひらをサッと返す。それは何の意味があるかというと、腕の上に載せた六〇〇貫の邪気を持ち上げてはねのけるための所作である」

「美しさと厳しさ、雄々しさと色気、そして番付を上げていく中で漂ってくる力士の品格……そこに大相撲の深さや魅力があると思う」

「相撲とは、このような伝統文化であるから、たんなる勝負ではない。土俵上の所作や態度から滲《にじ》み出る『美しさ』を大事にしなければならない」

「細かな話をするようだが、たとえば、塩のまき方も、ぞんざいであってはならない」

「相撲は『礼に始まり礼に終わる』というのが原則であるから、蹲踞《そんきょ》から柏手、仕切りはもちろんのこと、正々堂々と戦う姿勢、そして花道を戻るところまで、すべて礼を尽くしたものでなくてはならない」

『相撲よ！』（白鵬翔／角川書店）

このようにスポーツとして勝負はするものの、その向こうにあるものを大切にしているのです。角界の頂点に立つ横綱自らがこう語ることができる大相撲こそ、最高のプロスポーツだと思います。

他のスポーツにおける全日本チャンピオン、日本シリーズMVPやオリンピックメダリストが自分の競技についてこのように語ることができるでしょうか？　日本最高のスポーツ、世界最高の日本固有のスポーツとして、大相撲にあるオリジナルのスポーツ精神を、各競技で東京オリンピックを通じて発信してもらいたいと節に願います。こんなにも身近にスポーツの素晴らしいロールモデルがあるのです。

相撲の歴史からスポーツの本質を考える

さらに、相撲の歴史を今一度振り返り、本書の目的でもある勝負の向こうにあるものを考えてみたいと思います。

相撲の歴史は古く、古墳時代の埴輪の中にはすでに力士をかたどったとみられるものが見つかっており、『古事記』（建御雷《たけみかづち》神と建御名方《たけみなかた》神の力競）や『日本書紀』（野見宿禰《のみのすくね》と当麻《たいまの》蹶速《けはや》の捔力《すまひ》）にも、すでに相撲についての記述があります。

奈良時代の律令国家では、聖武天皇の時から大規模な天覧相撲が行われていました。これは「相撲節《すまいのせち》」と呼ばれ、8世紀前半から12世紀後半まで、宮中で年に1度催されていたのです。

これには全国から力自慢の力士が呼び寄せられ、華麗な儀式とともに行われた国家的一大イベントで、力士が東西に分かれて取り組み、行事と審判の二審制がとられ、番付の編成、塩で場を浄め、力士の四股踏みの原形など、現在の大相撲の源流となる江戸時代の相撲へとつながる様式がすでに数多く見られます。

相撲節には、地方の強者を育成して軍事力維持・増強をはかるという目的もあったようですが、それ以上に、天皇のもとでの律令国家の秩序を象徴する意味合いがあったと考えられています。東西の地方から集った力士たちが、武装解除した裸の姿で、天皇のもとで相撲をとることは、天皇統治秩序を象徴する儀式であったわけです。

また、相撲節は天下国家の悪魔祓いをする宗教的儀式でもありました。それにふさわしい儀式や作法が確立されていったのです。ちなみに、現在も四股として受け継がれている足踏みの行為は、『日本書紀』などで、すでに見ることができます。白鵬関が述べるように、目に見えない悪霊や死者の荒魂《あらたま》を鎮め追い払うことで、生活共同体を安全にしようという呪術的意味合いを持つものであり、今でも受け継がれているというわけです。

武士の時代になると、宮中での相撲節は行われなくなります。武士の時代において、相撲は3つの形をとって受け継がれていきます。

① 神事相撲として、各神社祭祀の儀式に取り入れられる。
② 武士の間で武芸の鍛錬として行われる。

③相撲を職務とする者が現れ、各地を巡業して「勧進相撲」として興行される。

①は現在でも、日本各地の神社においてその名残を見ることができます。②に関しては、相撲は武士の間で戦での組み打ちという実践的な鍛錬の手段として奨励されました。しかし次第に、それは武将の間で面白い見世物としての人気を得るようになり、徐々に相撲の競技化が起こるようになります。そして③のように相撲を専門とする力士が現れたのです。

有名なエピソードとして、織田信長は特に相撲を好んだことから、信長以来大名が大勢の力士を召し抱えて相撲をとらせ、見物するということが流行ったほどです。③の勧進相撲はこうして起こったと考えられており、社寺の造営や修繕のための費用集めなどを目的として多く行われたともいわれています。

興業化した勧進相撲でも、相撲の宗教的・儀礼的側面は色濃く受け継がれ、見物したり参加したりした人々の満足を感じられる性質のものであり続けたことが、文化としての大相撲の基盤を築いているのだと思います。

相撲に土俵が取り入れられたのは、江戸時代に入る少し前のことといわれています。土俵はしばしば村や町の辻に、東西南北を示して作られました。このような辻は東西南北から人が集まるところで、同時に穢れや悪霊も寄りやすいと考えられたことから、その中央を浄める目的を持って相撲が行われたのです。

庶民の娯楽として、相撲興業が人気を博していきます。特に京・大坂・江戸で勧進相撲が盛んになり、幕府公認の勧進相撲がこの三都で年4回（「四季勧進相撲」）行われるようになりました。大名は優れた力士を召し抱えて後援しました。力士は本名とは別の四股名を名乗るようになり、番付表が作られるなど、現在の大相撲の原形が作られていきます。そして、大関や横綱となる力士は錦絵に描かれるほどの人気で、歌舞伎とならんで江戸庶民の楽しみとして広まっていくのです。イタリアの地方ごとに盛り上がるサッカーのセリエAのようだったのです。

しかし、廃藩置県で大名の後援を失った相撲興業、さらに明治維新にともなう「裸体禁止令」により、力士は罰金と鞭打ちに処され不遇な時代を迎えます。

相撲が前近代的風習として廃絶の危機に瀕する中、自ら相撲好きであった明治天皇や伊藤博文の尽力によって１８８４（明治17）年3月、天皇を迎えての天覧相撲が行われました。これが話題となり、相撲への関心が復活したといわれています。

１９０９（明治42）年、ドーム型の屋根を持つ洋風建築の相撲専用館が建てられました。開館式の案内文にあった「相撲は日本の国技なり」という文言から、「国技館」と名付けられます。相撲が日本の国技とみなされるようになったのはこの頃からです。

「礼に始まり、礼に終わる」文化

このような時代背景、歴史を踏まえて大相撲は今なお私たち日本人にとっての大事なプロスポーツとして、その文化性を示し続けているのです。その背景には今も守り続ける理念がはっきりとあるのです。それが礼の遵守でもあります。

公益財団法人・日本武道館がまとめた『日本の武道』の中に、相撲の礼について次のように解説されています。

相撲は「礼に始まり、礼に終わる」といわれます。相撲は格闘技であり、自ずから危険を伴うものです。そのため、競技のなかでは礼を重んじ、相手を尊重する伝統的な動作が取り入れられています。

これらは一見、競技とは無関係のように見えますが、安全の確保や、冷静で公正な態度で試合に臨む上で、大切な動作となっています。また、たとえ自分が勝っても、いわゆるガッツポーズなどの仕草を控えるという暗黙のルールも、他の競技には見られないものです。

相撲は相手がいなければ成り立たない競技であり、相手がいるからこそ自分の力量も発揮できるのです。

『日本の武道』（日本武道館〈編集・発行〉）

剣道界と同じく相撲界も礼を重んじ、それを今でも貫いているのです。

一方、イギリスに始まったラグビーでも、「ノーサイド」という言葉があり、試合終了とともに敵味方関係なくお互いを敬い、たたえ合うという文化が同じようにあるのです。

ここでも本来のスポーツのあり方が同じように見えてくるのではないでしょうか？　勝ち負けだけに踊らされていると、このようなスポーツの本来持っている価値が見えてこなくなるのです。

主な礼法が形や仕組みとなっていることが、この文化を継続することに繋がっているといえるでしょう。

形となっている礼法が次の通りです。この仕組みが確立しているおかげで見えない理念が風化せずに受け継がれているのだと思います。

①立礼……神聖な土俵とこれから戦う相手に対する敬意の表現。
②蹲踞《そんきょ》……勝負を前にして精神の安定を図り、呼吸を整える動作。
③塵手水《ちりちょうず》……両手を擦《す》り合わせる動作は身を清めることを意味し、まだ土俵のない戦国時代、野原で相撲をとった際、草の露で心身を清めたという慣わしによります。

柏手《かしわで》を打ち両手を左右に大きく開く動作は、神への祈願と体に寸鉄を帯びていないことを知らしめ、正々堂々と戦うことを表現しています。

④塩……神聖な土俵を汚さないために塩がまかれます（アマチュア相撲では不要）。

⑤四股《しこ》……原形は地鎮祭の儀式で行われた力人《ちからびと》による〝しこ踏み〟であり、地中に潜む邪悪な醜《しこ》を踏みしめて封じ込める動作です。

『日本の武道』（日本武道館〈編集・発行〉）

これらを、土俵に上がってから立ち合いまでの間に行い、土俵と心身を清めた上で相撲を取るのです。

大相撲が勝敗の向こうにあるものを教えてくれる

また、礼の遵守だけではなく、相撲には心技体一如という言葉があります。相撲においては自らの体を鍛えることはもちろん、それぞれの個性を活かした技を磨くことにも重きが置かれています。

自己の体型や運動能力に応じて稽古で得意技を極め、「小よく大を制す」こともしばしばあります。相撲には階級制がないですから……。

相撲の特徴の一つに「場所の狭さ」と「勝負の速さ」があります。現在、直径四・五五メートルの土俵の上で展開される大相撲の幕内の取組時間の平均がわずか十一秒という数値からも、他の競技に比べていかに勝負の時間が短いかが分かると思います。この短時間の勝負に、これまで鍛えに鍛えた技と力を相手の動きに合わせて最大限に発揮するには、相当な精神の集中がなければなりません。かくして、精神統一は力や技を上回る相撲の最高の要諦と位置づけられることとなりました。

『日本の武道』（日本武道館〈編集・発行〉）

相撲を通して自らを磨くという発想です。これこそ、クーベルタン男爵も小泉信三氏も強く述べられていることと同じです。

スポーツの勝敗の向こうのあるものこそ、この考え方であるべきなのです。未曽有の69連勝をなしとげた横綱・双葉山関がこのような言葉を述べられているのも印象的です。

「私は、小さいころの事故がもとで右目がほとんど見えなくなった。薄く、ぼんやりと見えるんですが、疲れたりすると、この右目の影響でいい左目までが二重に映ったりする。これじゃいかん、というので、常々、精神統一を心がけていた。十一歳の時分から、手を合わせてお題目を唱えるということを教わっていた。こんな経験があって、土俵上で精神的動揺というものを起こさないように統一を図るようになったんです」

『日本の武道』（日本武道館〈編集・発行〉）

心技体一如の精神をこのコメントからも感じることができます。

これらを背景として、**スポーツとしての大相撲には本来あるべき姿のすべての要素が含まれていると確信します。神事、精神統一、心技体一如、礼節遵守など、見えないものに対する価値が仕組みとして受け継がれている点、それは認知脳の勝ち負けだけの暴走をきちっと文化として制御し続けることになっている**のです。このように文化としての揺るぎないものを土台にして、さらに守るべき伝統と時代にマッチさせて変化することの柔軟性を兼ね備えている大相撲の世界は、日本スポーツ界のお手本となるべきものが多々あると感じます。

剣道の段位のごとく、強さだけではなく人格や品性を加味した番付の存在、地方巡業によるファンとの触れ合いや地域貢献、メディアによる放映や連携、タニマチをはじめとした支援の仕組み、親方や部屋を通じた人財育成の取り組み、外国人力士に対するダイバーシティの存在、試合形式もトーナメントでなく15日間のリーグ戦、優勝以外の評価制度の存在、観るスポーツとしての環境整備などがあり、日本の誇るべき世界に注目してもらいたいスポーツのあり方だと胸を張っていえるでしょう。

駅伝も日本固有の素晴らしい伝統

襷の価値

駅伝は武道ではありませんが、日本固有の文化として触れないわけにいきません。

「駅伝」という言葉は、1917年に日本で最初の駅伝「東京奠都《てんと》五十年奉祝東海道五十三次駅伝競走」を読売新聞社が主催した時に、神宮皇學館の武田千代三郎によって命名されたそうです。京都・三条大橋から東京・上野不忍池間508㎞を23区間に分け、4月27日から3日間で走った東西対抗で行われたのが始まりです。

これは、江戸時代における東海道五十三次における伝馬制《てんませい》からヒントを得たと考えられています。街道の宿駅ごとに「駅馬」が用意され、各郡で飼育された乗り継ぎ用の「伝馬」とともに公用の旅行に使われたのです。伝える馬は江戸時代には民間の輸送用としても利用されていました。この駅制に基づいて幹線道を往来する「駅馬」と「伝馬」からヒントを得て、「駅伝」と命名したといわれています。さらに、箱根駅伝や他の駅伝でも、襷《たすき》を渡す場所のことを中継所という言い方をしていますが、昔は馬を乗り換える場所だったといえます。

さらにお正月といえば、「箱根駅伝」です。日本人ならどんな人も聞いたことがある、あるいはテレビで観たことがあるスポーツのひとつではないでしょうか？　先述の駅伝から2年後の1919（大正8）年10月に高等師範学校（東京高師）教授・野口源三郎氏、マラソンの先駆者・金栗四三《かなぐりしそう》氏、明治大学学生で長距離ランナー・沢田英一氏の3人が、日本の長距離ランナーを育てるための駅伝競走として「アメリカ大陸横断」をやろうということで意見が出たのだそうです。

そこで、派遣選手の選抜方法として、東京の13大学と専門学校の駅伝を開き、予選会をすることになりました。金栗氏は、それまでも1912（明治45）年のストックホルム・オリンピックのマラソンに出場し惨敗したことから、マラソンの普及と長距離選手の強化に意を注いでいました。

当時の報知新聞社の賛同を得て、10月下旬には、東京箱根間往復を1校10人、寒い時期に2日がかりで行うことが決定しました。しかし、実際に長距離選手を10人揃えられる学校は少なく、結局、早稲田、慶應、明治、東京高師の4校で、東京から箱根関所往復 を1920（大正9）年2月14・15日に行うこととなったのです。

こうして、第1回は、発着場所を有楽町の報知新聞社前（現在のビックカメラがある場所）に変更して、2月14日午後1時に、金栗審判員の合図で4人のランナーがスタートし、ここに東京箱根間往復大学駅伝競走が始まり、以後、今日に到ることになりました。私も毎年必ずといってよいほどテレビ観戦する大好きなスポーツのひとつです。

そんな駅伝といえば、日本固有のスポーツになっているのはただ走って時間を競うだけでなく、〝襷〟を繋ぐというルールがあることです。個人のスポーツでもありながら、チームスポーツです。2016年のリオオリンピックで史上初の陸上銀メダルを獲得した男子400メートルリレーにも通じる日本人が好きなスポーツのひとつと言えるでしょう。個人の役割がはっきりしているけれども、みなで力を合わせながら競い合う仲間を思う気持ちを原動力に一生懸命にやり続けるチームスポーツです。

私は駅伝の専門家ではないのでその奥深さについては語ることはできないのですが、ルールは単純ですし、球技のような複雑な動きもなく、そしてランニングを邪魔するようなディフェンスもない競技だと思います。だからこそ、仲間のためにというエネルギーを源泉として行う駅伝の素晴らしさを、農耕民族としての日本人は理解し好きなのかもしれません。戦い合うというよりは個人とチームが己を磨き合うというイメージがあるからなのではないでしょうか？

それこそが〝襷〟の存在なのです。襷は繋ぐこと、伝えることを大切にする文化の象徴です。日本には目に見えない思いや理念を、人から人、時代から時代へと繋ぎ伝えていくということを大切にする伝統があります。

狩猟的に獲得して成長していくよりも、長年にわたって季節ごとに知恵や思いを繋ぎ・伝えていくことで成長してきた農耕的な世界が日本にはあります。この精神が100年以上続く会社が世界に比べても多数存在するこの日本を作ってきたのかもしれません。大げさかもしれませんが、〝襷〟を繋ぐこのスポーツに日本人の多くが共感しているのは確かな事実で、そこには何か日本人が共有できる精神性が存在しているからなのではないかと思います。

駅伝にはスポーツで伝えたいすべてが存在する

駅伝にはそれを構成する人たちの存在がはっきりとあってとてもわかりやすいのだと思います。すなわち、する人（走る人）、応援する人（卒業生や沿道の人など）、支える人（走れないチームメイト、チーム内でサポートする人、大会を支援する人）、観る人（テレビを観ているたくさんの人）たちの存在です。

スポーツは体育のように〝する〟だけではなく、あらゆる人たちで構成されているのだということを駅伝は私たちに思い起こさせてくれるのです。沿道のあの光景はフランスで伝統となっている「ツール・ド・フランス」の山登りや街の中の風景を想起させてくれるスポーツの原点のように思います。

本書のテーマであるスポーツは人生や社会の縮図であり、人間の普遍的原則を教えてくれる存在だということがこの駅伝でも容易に感じることができます。駅伝のランナーたちは箱根の往復10区において優勝できないとわかっていても、なぜあれだけ懸命に走るのでしょうか？　まさにグッドルーザーたちの集合体です。それこそ、仲間のため、すなわち愛のエネルギーと、自分自身のため、つまり成長のエネルギーが彼らを突き動かしているのだと思います。他のスポーツももちろんそうですが、人間の営みそのものだと思いませんか？　それぞれが人生の試合を歩むということと全く同じです。

このようなメッセージが駅伝には比較的誰にでもわかりやすく現われているのだと思います。駅伝はそれぞれの順位やタイムなど結果がはっきりと見えやすい一方で、そうではないものを大切にしていることがとても伝わりやすいのです。練習は不可能を可能にすること、すべてのランナーは1秒を縮めるために努力を重ねます。諦めたらそこで試合終了ということ、自分のため仲間のために諦めず一生懸命を限りなく追及していきます。大学の襷を背負って走ることに誇りを持つこと、結果による自信よりも誇りという自己価値を得ることの素晴らしさが走ることで伝わるのです。

言葉を選ばずにあえて述べるとすると、もしかすると〝走る〟という活動が極めて単純なスポーツなので、技術やスキルよりも、スポーツの持つ本質が見えやすいのではないかと思うのです。みなさん、いかがお考えでしょうか？

POINT

- 武道は勝つことが目的ではなく、心技体を鍛え、人格を磨き、道徳心を高め、礼節を尊重する態度を養うことを目的とした文化としてのスポーツだ。
- 剣道は「打って反省、打たれて感謝」の理念と武士の精神に基づき、その理念を貫くため、段位があり結果至上主義になりやすいオリンピックにもあえて参戦しない。
- 大相撲は「神事」「精神統一」「心技体一如」「礼節尊守」など、目に見えない日本の文化がつまっている理想のスポーツだ。
- 剣道、大相撲など日本古来の武道は、真のスポーツとしてのあり方を知るために大切な見本だ。
- 箱根駅伝を代表とする駅伝は〝襷〟という型で人間社会の繋がりや自立・責任を広く日本にわかりやすく伝える日本固有のスポーツだ。

第４章

スポーツが愛される４つの理由

スポーツで元気になる

スポーツは健康をもたらす

ここまでスポーツの文化的価値、すなわち勝敗の向こうにあるものをさまざまな角度から語ってきました。さて、ここで今一度スポーツの持つ4つの文化的価値に立ち返って、考え直してみたいと思います。すなわち、スポーツの勝敗ではない見えない魅力について様々な角度から感じ取っていただきたいのです。

唐突ですが健康とは何でしょうか？　病気じゃないことでしょうか、症状がないこと、病院に通っていないことでしょうか。日本の健康の考え方は、医療の面から考えられるのでどうしてもこのような答えになりがちです。

詳しくは後述しますが、日本の医療は病気の専門家で構成されていて、健康の専門家ではありません。健康とは、ただ病気がないという状態ではなく、自分らしく生き生きと元気はつらつと生きている状態のことですが、その専門家とは明らかに違います。そして、それを生み出すものがスポーツであり運動なのです。そして、そこから生まれた学問がスポーツ医学であり、その専門家がスポーツドクターと考えられます。

スポーツには勝ち負け以外に、この健康をもたらす重要な存在意義があるのです。**すべての人は勝てなくても勝ちを目指すことによって、あるいはスポーツに触れることによって健康を手に入れることができる**のです。それは病気という視点から見た健康ではなく、元気に通じる何かなのです。

そもそもイギリスのようにゲーム性の高いスポーツもスポーツに含めると、スポーツには勝ち負けの競争性だけでなく、楽しみのスポーツも、遊びのスポーツも、観るスポーツも、さまざまな形があってよく、そのすべては人類の健康に必ず何らかの形で寄与していることになるのです。

健康の定義は曖昧ですが、健康をサポートする視点は3つ確立されています。1つ目は治療、2つ目は予防、そして最後は増進です。

治療は、医療が担当するいわゆる病気から見た健康の捉え方です。予防は、病気にならないようにするさまざまな手立てです。増進は、健康をより高いレベルに持っていこうという試みに他なりません。スポーツはこのいずれにも寄与できる可能性があります。

スポーツの治療の側面とは

治療に焦点を当てたスポーツや運動の仕方を運動処方といいます。今は精神疾患からガン、動脈硬化まで、スポーツがその治療に効果的だという研究がより明らかになりつつあります。さまざまな疾病に対して運動処方が行われているのです。

処方といえば薬を思い浮かべるかもしれませんが、その人に合った運動を薬のように処方するという考え方です。スポーツ・運動の時間や頻度や強度や種類などを考えて、疾病治療を目的に処方し、実践してもらう分野です。

私は治療のドクターではありませんが、企業での産業医やカンパニーチームドクターとして健康経営をサポートしていますが、個別に運動処方を実施することもあります。その人に合った運動の種類や強度や頻度や時間などを、クライアントの方と一緒に考えて提供していきます。

大事なことは、その人の性格や生活や体力などに合わせて処方していくということです。運動のあり方は画一的ではなく、人の数だけスポーツ・運動はあるからです。

運動不足による不健康や病気の発生を脅すのではなく、いかにスポーツが学校体育の印象とは違って、誰にでも気軽に楽しめるものだという、本書の内容のような話を多々します。

まず、スポーツ・運動を好きになってもらわないといけません。運動処方を既存の健康指標と結び付けて、コレステロール値や血圧を下げるとか、肥満の指標であるＢＭＩを低下させるなどの目標と結び付けてしまうと、学校体育の再現となってしまいます。結果と評価に基づく活動に押し込まれてしまうからです。

極端にいえば、スポーツや運動がなぜ嫌いなのかということなど、話を十分に聴いて、その嫌いだという印象を覆していくようなエピソードを提供するのです。

スポーツドクターはスポーツで診るドクターですから、あらゆるスポーツを熟知して、さまざまなクライアントに接していかなければなりません。

将棋やチェスもスポーツなんですよ、という話から、オリンピックのメダリストがじつは学校体育が苦手だったというような話題を提供して、その人ができるスポーツを見つけて少しずつ体験させます。効果を求めるのではなく、「元気・感動・仲間・成長」を感じてもらうという処方です。

ある会社員の女性が、私の面接の後にヨガを始めるようになり、日々の生活が充実するようになったというような事例は枚挙に暇がありません。運動の生理学的効用をここでくどくど述べることは本書の目的からはそれてしまうのであえて行いませんが、スポーツや運動がすべての人の人生に元気をもたらすのだということは、科学ではなく体感として重要なのだと思います。このように治療だけではなく幅広く運動処方を行えば、その効果は抜群です。そのことが寿命はもちろん、健康寿命にも役立つスポーツの価値なのです。

スポーツで病気を予防する

運動やスポーツが、さらに疾病の予防に効果的だということが解明されてきています。健康といえば心身の健康です。スポーツの習慣はストレスマネジメントにおいても重要な役割があることがわかってきています。スポーツをしている人が鬱や認知症になりにくいので、運動やスポーツが脳の機能に何らかの影響を与えているのだということなのでしょう。この分野の研究が、世界中で盛んに行われています。

一方、身体にとってもスポーツの習慣が疾病を予防するということが、どんどん明らかになっているのです。年齢とともに劣化する細胞の再生に伴うガンの発生、血管のダメージによる動脈硬化の発症などを運動習慣は確実に抑制するのです。

健康は放っておけば目減りする財産。ある一定のところまでなくなることで、さまざまな疾病が発生してきます。スポーツ・運動は加齢には勝てませんが、しかし確実に予防には繋がっているのです。

ただ、治療効果は科学的に証明しやすい一方で、予防の効果は証明しにくく、その効果を科学的に明らかにしていくことが難しいといわざるを得ないのも事実です。予防という未来における効果を定量化しにくいばかりでなく、そもそもスポーツ・運動はそれ自体が定量的に数値化しにくいので論理的、科学的に証明するということが簡単ではないからなのです。

「観る」だけでも元気になる

次に、増進に果たすスポーツの役割についてです。一言でいえば元気になるということです。元気は病気の指標ではないので定義はありません。その人が元気を感じるかどうかということです。つまり、病気の有無ではなく、一歩先んじた健康概念とでもいえるでしょうか。

そうなるとますますスポーツの出番となります。それはスポーツの触れ方として、「する」だけでなく「観る」とか「支える」とか「話す」とか「読む」というような多角的な捉え方になります。

元気の証明はさらに困難なのですが、こんな質問をされたら、感覚で理解していただけるのではないでしょうか。オリンピックを観て元気になりませんか？　一生懸命プレイする選手の姿を観て元気になりませんか？　到底自分たちではできないようなことを練習によって可能にしているアスリートたちのプレイを観て元気になりませんか？　みなさん、観ることで元気になった経験があるのではないでしょうか。

観ることは最もハードルの低いスポーツの触れ方のひとつです。そこには運動神経も不要ですし、年齢も関係ありません。

実際、私のワークショップに参加したスポーツからまったく縁遠かった日本画家の女性や編集者の女性が、スポーツに興味を持って観るようになったそうです。これまでは**スポーツはしんどくてつらくて苦手だと思っていた彼女たちが、スポーツを観ることでスポーツに触れ、人生にこれまでない楽しさや元気を得た**と連絡してくれます。

このように、観るスポーツは確実に人生に元気の風を吹かせてくれるのです。だからこそ、多くの方がスポーツを観るのです。それは、**元気を日々の生活に感じたいという人間の本能から生じた人間固有の習慣**なのです。

なぜ観ることによって元気を感じるのか。その科学的解明はこれからどんどん進んでいくでしょうし、それを期待しています。それはたとえばスマホゲームのようなバーチャルな体験では感じられないリアルな体験として、脳の扁桃体や海馬などの感情や記憶にも働きかけ、自律神経や脳の血流、あるいは脳波や脳内物質にも影響を与えて、元気を感じるメカニズムがあるのだと思います。そうだとすると、スポーツは人間が元気になり健康寿命を延ばすためにも、人間が創り出したひとつの知恵だといえるのではないでしょうか。

聴くスポーツ、応援するスポーツで人生をより豊かに

スポーツは観るだけでなく、「聴くスポーツ」としても非常に効果があると私は思います。私が健康コンサルティングをしている企業でも、スポーツ関係者をゲストに呼んで彼らの話を聴いて、元気になろうというさまざまな企画を行っています。

スポーツが苦手な人も、アスリートやコーチたちから、彼らの考え方や練習の厳しさなどスポーツの現場の話を聴くことによって、自身の仕事への向き合い方やライフスタイルを見直すきっかけとなり、モチベーションのアップや元気をもらった、という声をたくさんいただきます。

メディアはオリンピックの時だけアスリートたちの話や言葉を届けようとしますが、**アスリートの話を聴くチャンスを、行政や企業でももっと日常で増やすことができれば、それだけで元気になる人が増えるはずです。まさにスポーツの文化的価値の創造です。**

また、私がメンタルトレーニングをしているプロアスリートたちの話を、同じようにメンタルトレーニングを受けているビジネスパーソンや音楽家や経営者などさまざまな方にすると、共通の話題があるので親近感を持ってそのアスリートたちのファンになってくれます。特にライフスキルなど心のマネジメントの脳力の話はお互いに通じるものが多々存在します。そのことにより、そのアスリートがテレビや新聞で活躍するのを、みんなで同

じように応援し、そのことによってまた元気の輪が広がるということがしばしば起きています。

たとえば、私の両親もそうです。２人とも80歳を超えています。健康のために体操やウォーキングを心掛けている一方で、私がサポートしているアスリートやチームを応援したり観戦に行くことで、間違いなく元気になっています。**応援するスポーツがあれば、人生に元気をもらうことができる、**そんなスポーツの力を証明してくれる一例だと思います。

スポーツで感動する

スポーツはアートだ！

スポーツといえば、私は「感動」というキーワード抜きには語ることができません。スポーツは筋書きのないドラマで、スポーツそのものが芸術に他ならないからです。

私はスポーツ＝アートだと思っています。一人ひとり、あるいはチームが自分の持っているものを表現するという営みがアートでありスポーツだからです。

アートには勝ち負けという評価は付かないだけの話で、結局はどちらも自己表現という人間活動なのです。音楽や美術にもコンクールがあり結果を問われることがあるでしょう。一方スポーツでも、ランニングをしたり波に乗ったりスカイダイビングをしたり、勝ち負けなどなくスポーツをすることも決して少なくありません。

結果や勝敗や評価や順位などはもちろん存在しますが、それらとは関係なく、スポーツもアートも自己表現の手段なのだと理解できれば、その共通性とともになぜそこに感動があるのかを容易に理解できるはずです。

人はオンリーワンのパフォーマンスや作品に感動するのです。それが生きる尊厳でもあるからです。すべての人がアーティストでありアスリートとして、これまでの努力によって磨かれた自分自身が自己表現し、そしてこれからの未来に向かってよりよい自己表現のために自分を磨いていこうとするのだと私は考えています。

もっと大きく捉えれば、**人生というキャンバスと、人生という試合の上で、すべての人はアーティストであり、すべての人はアスリートとして生きているのです**。すべての人が生きるという自己表現をしているからなのです。

感動を積み重ねて人生の質を向上して生きていきたいという願いはすべての人にあると思います。そして、それはじつはすべての人に可能なのです。勝敗だけでなく、その向こうにあるものに目を向けることで、アート同様、日々の生活の中でも日常的に存在するスポーツから感動を得ることができるようになるからです。それがスポーツの文化的価値にも繋がっていくのだと思います。

スポーツで感動する2つの理由

なぜ人はスポーツで感動するのでしょうか。私は感動の原点が2つあると思っています。

ひとつは、「誰でもができる大事なことを極めている」という感動です。

たとえば、一生懸命にやること、夢を持ち続けること、自分や仲間を信じること、チャレンジすること、チームワークの素晴らしさなど、人生で大事だとほとんどの人が思っているものの、なかなか自分自身でそれを実現できていないという思いが、どんな人にもあります。**そんな当たり前だけどできていないことを、目の前であるいはテレビの向こう側で、実際にそれを当たり前のように大切にしているアスリートを観ることで感動が生まれる**のです。この感動は、共感をベースにして心が動かされるものだと思います。つまり、自分にもできそうな感動です。

もうひとつは、**「自分には到底できないことをやっている異次元のものへの出合い」の感動**です。

この感動は驚きに通じるものです。たとえば、１００メートルを9秒台で走ることや、空中で何回転もひねって着地することや、狙いすまして的に当てる技術や、とてつもなく重いものを持ち上げる力や、ぴったりと息の合ったシンクロニシティーなど、信じられない体や技を観ることで感動します。ひとつ目の感動ももちろんですが、この感動ほどプロやオリンピックなどのトップレベルで感じさせてくれるものです。この２つの感動が、観るスポーツの両輪です。

一方で、自分がプレイするスポーツで得られる感動にはどんなものがあるでしょうか。できないことができるようになる感動や、同じ感情を仲間と分かち合う繋がりの感動など、小さな感動は数えきれないほどあるはずです。

スポーツは筋書きのないドラマだとよくいわれますが、人生という試合も同じです。私たちは自身の生きるというプレイの中で、スポーツと同じようにさまざまな感動を生み出しながら、それを生きる原動力としているのです。

昨日はどんな感動がありましたか？　スポーツに触れてどのようなところに感動しましたか？　考えてみましょう、誰でもがあるはずです。ところが、**スポーツを勝ち負けや上手い下手で観てしまった瞬間に、感動は消えて感じられなくなってしまう**のです。

感動の有無はプレイするスポーツ側にあるのではなく、それをどう考えて接しているのか、その人自身の視点がじつは大事なのだとわかれば、人生にはたくさんの感動があることにもっと多くの人が気付けるはずです。

感動を共に味わいたいという人間の思い

スポーツは宗教的儀式に結びついて踊りから始まったという考えもあります。

体を使った踊りという表現があり、それが神などの絶対的存在と繋がるというような思想だったのでしょう。そこを深く掘り下げるつもりはありませんが、踊ること、ダンスがスポーツの原点のひとつだとすれば、まさにそれもスポーツが芸術と繋がれる点だと思います。ダンスというアートから次第にスポーツが育まれていったという見方もできるでしょう。

一方で、スポーツの中でそのような要素を取り入れていったのが、競技ダンス、新体操、チアダンス、エアロビクスダンス、そしてフィギュアスケート、シンクロナイズドスイミングなどです。

これらはすべて勝敗がありますが、ゴールの点数やタイムといった絶対的なものはなく、審査員による採点によって成り立っているスポーツです。

このようなスポーツがオリンピックにおいても正式種目として存在することは、**スポーツと芸術は限りなく近い存在であり、勝敗の向こうにあるもの、感動を共に享受したいという思いから始まったのではないか**と推察されます。

しかし、認知脳の長けた私たち人類は、その感動をも採点して評価し順位を付けようとしているのです。感動に順位や勝ち負けは本来ないはずなのに。それが人間らしさでもあるのでしょうが……。暴走してしまうと肝心の大切なものが見えなくなってしまうのです。

スポーツで仲間と繋がる

スポーツで思いを共有して繋がる

人は繋がりを感じたいという本能に満ち溢れた生き物です。ですから、家族があり、コミュニティがあり、仲間や友達がいて、チームがあるのです。

「同じ釜の飯を食う」という言葉があります。スポーツを部活や体育会で経験すると、この言葉の意味を濃密に味わうことができます。家族以外でこれほど繋がりを感じて、「同じ釜の飯を食う」ような共有経験は、なかなか日々の生活ではできないかもしれません。会社の隣の席の人間と肩を組んで、がんばろうぜ！　といい合うとか、プロジェクトが上手くいかなくてメンバーみんなで泣くとか、あまりないのではないでしょうか。

部活や体育会にいると、後輩や先輩との人間関係の縦の繋がりも広がります。OB、OGとも繋がり、卒業してもその繋がりが継続し、人生を豊かにしてくれます。それはスポーツだからこそ感じる仲間意識といえるでしょう。私はこれを「仲間感」といいます。

仲間は共通の体験、あるいは共通の価値観によっても育まれます。同じチームにいなくても、そのスポーツをしていたとか、そのスポーツやチームのファンだというだけでも仲間感が養われるのです。

そして、**思いを共有して集まれば集まるほど繋がり、すなわち仲間を感じることになる**のです。好きなことが同じ、たとえばスポーツが好きな者同士のコミュニケーションは仲間を感じやすいでしょう。さらにどんなスポーツが好きなのかが同じであれば、より仲間を感じるはずです。私はすべてのスポーツが大好きですが、球技でいえば、バスケ、ラグビー、アイスホッケーが好きです。これが好きな人とはより仲間感を得ることができます。

仲間を感じさせてくれるのがスポーツの醍醐味

好きなことでの仲間感とは別に、出身校が同じといったことでも仲間感が高まるでしょう。アメリカの大学スポーツなどを観ていると、自分の母校への応援はすごいものがあります。アルムナイ（卒業生）というだけで仲間感が増して、より応援にも熱が入るというものです。

日本でいえば早慶戦などはそのいい例だと思います。ＯＢはもちろんですが、それ以外の人もスポーツすらしてこなかった人も、早慶戦では母校への帰属意識の中で仲間を感じ合う場ができ上がります。

プレイする人たちを同一空間で観るという体験が仲間感を醸成していきますが、応援団やチアリーダーたちがさらに応援する人たちの一体感を育んでいきます。同じ色の服を着るといったことや、同じようなグッズを持っているということでも仲間感は醸成されていきます。プロ野球でいえば、広島東洋カープなら赤、阪神タイガースなら黄色のユニフォームや応援グッズを持って集まるだけでも仲間感はとてつもなく大きくなっていきます。

さらに、仲間は地域という共通性でも感じることができるでしょう。最近の事例でいえば、サッカー日本代表チームのエースストライカーでもある岡崎慎司選手が所属するイギリスのレスターという田舎町のみんなが、そのチームのサポーターであるということ。ヨーロッパには、どんな小さな町でもチームがクラブとして存在していて、その町のみんながそのチームを応援しています。日本では、先ほどの広島東洋カープや阪神タイガース、あるいはプロサッカークラブの浦和レッズや鹿島アントラーズなどは地元愛の強い仲間感が醸成されているチームだといえるでしょう。

この仲間感をスポーツで得ることを目的として、地域ごとにホームタウンチームがヨーロッパを中心に存在しているのです。仲間感を得ることは人生のクオリティ・オブ・ライフに必須の感情だからです。

人はひとりでは生きていけません。そのような人間固有の特性の中で仲間を感じさせてくれる存在こそがスポーツだと思います。オリンピックやワールドカップで日本を応援するのは、その帰属性を刺激されるからに他なりません。「頑張れ！　にっぽん！」「Ｎｉｐｐｏｎチャチャチャ！」です。

思い＝理念で繋がる

そして、この仲間感を醸成するために、私が必要だと思うひとつの要素に、理念による一体感があります。理念に賛同することで、仲間が生まれることは少なくありません。政治政党もそのひとつですし、その中での派閥もそうかもしれません。もちろん損得の接点だけで繋がっている可能性も政治の場合は見え隠れしますが……。ある考え方に賛同して参加するデモ行進や、最近であれば、中東での民主化運動なども、ＳＮＳなどで多くの人が繋がり国の体制自体を変革してしまうなど、理念や考えに共感して仲間ができる場合が人間社会には多々あります。

スポーツチームがそのような理念を発信し、理念に共感する人たちがスポーツクラブとなって集まるような理念共有型スポーツクラブができればいいなと考えています。

たとえば、川淵三郎さんが、Ｊリーグの地域のクラブには理念が必要だとおっしゃっています。それは、Ｊリーグ百年構想を打ち立てるのは、ただ理念としてあればいいというものではなく、百年後の地域社会を視野に入れた**理念の共感によって仲間感を形成し、そ**

れが強いクラブを作っていくからだということを、川淵さんは強調されているのではないかと私は思っています。サッカー日本代表の監督としても活躍され、さまざまな実績を残されてきた岡田武史さんが決して強豪ではないＪＦＬのＦＣ今治の代表になられたのも、まずもって理念の共有があったからだと思います。「地方創生や次世代のために物の豊かさより心の豊かさを大切にする社会創りに貢献する」という理念に賛同する人が集まり結果としてスポーツですから勝敗が出るという姿です。心から素晴らしいと思います。

しかし、理念はとても見えにくいものですし、それをみなで共有して仲間感を醸成するには、それを言語化し常に発信して伝え続ける仕組みと人財が必要です。時には資金が必要かもしれませんが、大切なことは理念をどれだけ貫き続けられるのかということだと思います。

早稲田大学の校歌にこのようなフレーズがあります。**「集り散じて人は変れど、仰ぐは同じき理想の光」**だと。人は歴史や時代とともに変わっていきますが、みなが仰ぐくらい理想の光として輝かせることができれば、いつの時代にもそこには仲間が集まるようになるのだということです。

明治維新が起きたのも、世界中に自由主義国家が存在するのも、自由で生きるということの理想の光となる考えだからなのでしょう。理想となるのは、時代を作ると同時に普遍性のあるものでなくてはなりません。それが光として輝き続けるようといつも磨いておかなくてはいけません。理念は、すぐに曇って輝きをなくし忘れられてしまうものだからです。

オリンピックもそうです。さまざまなオリンピックの形はありますが、世界中で理想の光と仰いでいるオリンピック憲章があるからこそ、国境や政治や思想を超えてオリンピックという場において仲間になることができるのだと思います。

日本に100年以上続く会社が世界中で最も多いのは、まさに理念型の経営をして、理想の光を磨き続け、継承しているからなのだと私は思っています。そういう意味では、企業もスポーツのクラブ組織も人間の営みである以上同じなのではないでしょうか。

スポーツは世界中が仲間であることを教えてくれる

私たちはこの地球というチームで、同じ釜の飯を食べていることを忘れてはなりません。それを私たちに忘れないようにメッセージを出し続けているものの1つがスポーツだと私は思います。

スポーツをすることだけを推し進めたいのではありません。みなさんに体育会や運動部活に入りましょうといっているのではありません。そもそもスポーツは、私たち人間に、必要だけれども忘れがちな多様性としての繋がりや、仲間としての存在、そして目に見えない想いや理念の大切さを気付かせ続けてくれる文化なのです。

2016年のリオオリンピックの開会式で、トーマス・バッハIOC会長がスピーチの最後でこのように述べられています。

「五輪の世界では、私たちは単に多様性を受け入れるだけではない。この五輪の世界において、みなさんを多様性における結束をより豊かにしてくれる存在として受け入れます」※1

つまり、**スポーツは私たちが仲間だということを伝えてくれる文化なのだ**ということです。

スポーツは仲間というキーワードが腑に落ちていれば、スポーツの見える景色も変わってくるはずです。ラグビーでノーサイドという言葉と概念があるのもそうでしょうし、南アフリカのネルソン・マンデラ大統領が、ラグビーでアパルトヘイトの人種差別撤廃への大きな足掛かりを作られたという、歴史的な1995年のワールドカップ南アフリカ大会が存在したのも、スポーツはそのために創り出された人類の文化だからなのです。

理念の共有で強い組織に変わる

ラグビーワールドカップ南アフリカ大会はもちろん、リオオリンピックのバッハ会長の言葉も、**世界中に通用する理念や思い、理想への共感で人は仲間になれるのだ**という証です。

目標や利益だけのために仲間になるというのも人間の一側面ですが、それを超えた人としての仲間感は、目に見えないもので繋がるのでしょう。

チームや組織で大切なことはこれらを共有し、すべての人のDNAにしていくことです。それは強制ではないが、自分のものとして内面化し、組織にいる以上は自身の生き方と関連付けて落とし込んでいく必要があります。

重要となるのは、理念があるだけでは何にもならないということです。〝ただあるだけの理念〟になっているチームや会社や組織は多々あります。言語化すら明確にされていないところも少なくないでしょう。共有し風土としていくには、言語化して、それを繰り返し浸透させていくエネルギーと仕組みと人財の存在が必要です。人が変わってもその目に見えない大切なものが、その組織やチームの中に生きていないといけないからです。仕組みはそれぞれの会社やチームによって違いますが、継続的に働きかけをしていくこと以外に答えはないように思います。それによってみんながあおぐに値する理想の光となるからです。

私の仕事は、理念の明文化と浸透・文化作りのサポートで、それをさまざまなチームや企業に行うことで日々奔走しています。たくさんの組織がこのことの重要性に気付いているからです。この**目に見えない理念が価値化され共有されることで、チームや組織のパフォーマンスやモチベーションなどが向上するのです。継続しか答えはないのです。ただそこにあるだけの理念はすぐに風化します**。

たとえば、練習を気合いと根性でこなし、勝敗という目標や結果だけを重要視してきた高校野球のチームやさまざまな運動部の部活、あるいは大学体育会のチアリーディング部やゴルフ部、ラクロス部、アイスホッケー部などが、理念などをチーム作りの上で大事にしていくことで、確実にチームワークはよくなり強くなります。明確な理念を持ったチームが全国大会に出場できたり優勝したり、また、インターハイに出場できたりといった事例は少なくありません。

私が定期的に通って、監督やコーチと語り合って浸透していったチームもあれば、現場のキャプテンを中心に、学生たちで自らチームの理念を共有するミーティングを繰り返して強くなったチームもあります。結果はもちろん多因子なので、共有感が増して強いチームになったとしても必ずしも勝つとは限りませんが、そのようなチームには必ず仲間感を含む財産が残るのです。

拙著『スラムダンク勝利学』（集英社インターナショナル）をバイブルに、チームで大切にするものを言語化し、プレイヤーはもちろんチームスタッフや保護者会まで巻き込んで、チームの一体感が増して、全国大会で優勝したチームもあります。たとえば、「あきらめたらそこで試合終了」とか「オレは今なんだよ！」、「全力投球」など、当たり前だけれど忘れがちな思いをみなで大事にして、共有し続けることでチーム力はアップしていきます。高校生やジュニアのチームなど、若ければ若いほど、素直なのでチームが繋がり、一体感が生まれるようになる気がします。

スポーツはどのようなチームも結局は人の集まりですから、仲間感を醸成していけば必ず結果という達成感とともに、チーム作りの充実感もみなで味わうことになるのです。

スポーツの魅力は、ロボットが勝利のためのプログラムをインストールしてただそれを遂行して勝ち負けの結果が出るという仕組みの上にはなく、人間としての繋がりや仲間感を得ることで成り立っているのです。そこには目に見えない信頼という財産が存在するからにちがいありません。

スポーツで子どもが育つ

人格者を育てるスポーツ教育

最後は私が最も重んじているスポーツの教育性です。

スポーツは学びの場だということ、スポーツで大事なことは勝敗の結果だけでなく、そのプロセスにおける成長なのだということです。武道の精神でもありますが、そもそもスポーツは、そのような視点から誕生していったはずなのです。

スポーツは人間の進化をサポートするための人間が創り出した営みだと考えて、勝敗の結果だけでなく成長を大事にすることができれば、間違いなくスポーツの文化性は高まるはずです。それが剣道であり、大相撲の考えでもあります。

欧米のスポーツには、スポーツを人格形成や人間成長のためのものとする考え方は多々存在します。中高生の試合においてトーナメントよりもリーグ戦がほとんどの諸外国は、もちろんそう考えているはずです。負けたら終わりなのではなく、常に勝敗から学んでいく姿勢がリーグ戦を通じて養われるからです。

そして、トップアスリートが子どもたちのロールモデルとなって、**人格者の手本たるように見られる**という社会は、これまたアメリカはもちろんヨーロッパでもかなりのレベルで意識されています。一方、日本で考えるならば大相撲の横綱や剣道八段の範士の存在をイメージするとわかりやすいかもしれません。

もちろんどのような世界にも例外はありますが、この考え方がスポーツの基本にあってほしいと願うばかりです。人は子どもから大人になり、死ぬまで学び成長していくことが生きる意義なのです。だからこそ、**スポーツは日本流の言葉を使うとすれば「道」なのです。「道」でなければならないのです。それは、ずっと続いているということでしょう。**

これが先にも述べた、スポーツの連続性を確固たるものにする考え方といってもいいでしょう。

スポーツには徳育・知育・体育のすべてがある

徳育は道徳やボランティアで、知育は勉強や読書で、そして体育はスポーツでというように人間形成を分けて考えるのは止めましょう。人間として全人格的に育てていくには、徳育も知育も体育も大事であって、そこに優劣はないはずです。徳育は感じる心を育てること、知育は考える力を育てること、体育は健康な体を保つための習慣を育てること、だとすれば、**スポーツはまさに徳育・知育・体育のすべてをバランスよく育むことのできる人間の営みのひとつ**です。

スポーツはじつにリアルな活動なので、身体や体験を通して感じる心を養いやすいのです。嬉しい、悔しい、楽しい、悲しい、残念、やった、うっとうしい、めんどうくさい、怖い、不安、ワクワク、ドキドキなどの感情がてんこ盛りの活動です。勝敗という結果の向こうには感情という財産があり、これを感じられるようになることが何よりも大切なのだと思います。

この文明の発展した便利な機械万能主義の中で生きていると、感情を持つことができずにロボット化していく人が少なくないといいます。人間の心情の機微をこの現代社会で体感していくにはスポーツしかないのです。そして、心の状態を切り替えたり整えたりする力は、スポーツはもとより人生でも必要です。

その脳力を「ライフスキル」といって、私はそれをトレーニングで育むことを専門にしています。スポーツの価値はまさにそこにあると信じています。それについては、第5章で詳しく解説します。

感じる心とそれを整える脳の力は、人生においてとても大事です。それらはスポーツによってより鍛えられ磨かれて、自身のものとして育まれていくことを意識しなければ、スポーツで自分の力を発揮することはできないでしょう。

スポーツで考える力を養う

次に、知育についても同様です。教育現場の「考える」は、正しい答えを出すために考えることを強要されていきます。しかし、人生や社会の中で大切なのは、前に進むために何をしたらいいのかという答えのない問いを考える力です。

それはスポーツもまったく同じです。スポーツも人生も、いつも何が正しいのかわからない中で、するべきことを考え選択し実行していかなければなりません。考えることをせずに逃げたとしても、そこからは何も生まれてこないからです。

スポーツ活動を通じてこの考える力を養っていくことこそ、スポーツの知育としての大きな役割だと思います。知育で大切なことは試験範囲を覚え、正しい答えを出すのではなく、創造したり自ら考えたりする力を養うことなのです。

成長実感がスポーツの文化的価値

最後に体育です。もちろん、スポーツは身体を使う活動ですから、身体への刺激こそスポーツの真骨頂でもあります。技を発揮するために、心も大事ですが、結局は身体でそれを表現していくので身体を育てることを忘れてはいけません。

しかし、チェスもスポーツと考える欧米では、身体だけを鍛えるのがスポーツだというような偏った考えはないように思います。身体は脂肪や筋肉や骨で主にできていますし、スポーツ活動はそのどれにもマイナスに働くことはありませんから。

ただ、スポーツを通じて直接身体を鍛えて成長させるという観点も大事ですが、人生を通じて、健康な身体が資本で、それをマネジメントするにはどうしたらいいのかを学び、習慣付けていけることが、体育の基本となる部分だと思います。**健康な身体を維持するためのライフスタイル習慣を、スポーツに触れることで学んでいくことがスポーツ**です。

徳育・知育・体育こそスポーツの醍醐味だといえるでしょう。すなわち、**成長実感こそ、スポーツの文化的価値なのです**。それは、するスポーツに限ってのことではなく、観たり支えたりすることでも感じ取れるものなのです。子どもの頃や初心者の頃は成長がわかりやすいので、誰もが大事にして実感しているのですが、すべてのスポーツがいつでもどこでもこの成長を存在意義としているのだと腑に落としていることが何よりも大切なのです。

以上のように**「元気・感動・仲間・成長」を感じて生きることは、人生の質を自ら高めて、人間としての尊厳を謳歌することになる**のです。スポーツにおける勝敗の向こうにあるものがこれらだと理解すれば、スポーツに触れるだけでも人生の見え方がきっと変わってくることでしょう。

子どもの生きる力を育てる「チーム・エミネクロス」スポーツ塾

私は、このスポーツの文化的価値を伝えるために、「チーム・エミネクロス」というバスケットボールを通じて、生きる力を育てる取り組みをしてきました。

チームの主な目的は**「スポーツを通じて自分らしく社会の中で生き抜くための力」を育てる**こと。だからこそ、子どもだけでなく、親とコーチと一緒になって、子どもの目標を達成するためのそれぞれの行動目標を決めて、また目的も意識させながら人として育つことを目指すスポーツ塾です。目標だけでなく目的、すなわちなぜそれを目指すのかを考える習慣を養い、生き抜く力を磨きます。

このチームでは、いくつかの約束事があります。「一生懸命やること」、「楽しくやること」などです。また、対外試合をやらないことも珍しい取り組みだと思います。これは、「相手に負けたくない」という動機がなければ一生懸命になれないのでは、そのものの楽しさを体感できないからです。**勝ち負けではなく一生懸命やることが楽しいこと**なのだと、まずは身をもって知ってもらいたいからです。

こういったことを通して、子どもたちの自ら考えて実行する力や、身体的なバランスを保つことを養い、チームワークの大切さなどを学ぶという理念です。一言でいえば、スポーツを通して人間のライフスキルを身に付ける取り組みです。最も大切なことはリーダーが理念を貫き発信し続けることと、その思いを具現するコーチやスタッフが理解し実行していることだと思います。そういうスポーツ塾がスポーツの価値を社会に創造していくのです。

他にも、たとえば、先述した岡田武史さんのサッカークラブFC今治も、子どもの教育を重んじるスポーツクラブのあり方を実践されています。タフでしなやかな心と体を育むためにトレーニングをし、技術、戦術、体力、メンタルの成長を目指しているものだと思います。

育成の行動指針は「応援される人間を目指す」。全力でプレイするために自身の健康管理、スパイクの手入れ、日常生活の過ごし方、相手を思う気持ち、挨拶は必ず目を見てすること、などといった、当たり前だけれど、ないがしろにしてしまう日常の大切なことを重視する教育をされていると聞きます。岡田さんの理念が貫かれたクラブは、スポーツの価値を真に大事にしていると感じます。

これこそまさに、「生きる力＝ライフスキル」を育むことではないでしょうか。そういった力を育むことは、スポーツだからこそできることだと、私は思うのです。

何も考えない気合いと根性では成長はできない

ひと昔前の日本のスポーツ、特に部活動の現場では、気合いと根性で何も考えずに理不尽な命令にも耐え、いわれたことを「はい」と「すみません」でやり抜いていく時代がありました。それで勝てる時代だったのかもしれません。近頃はそうはいきません。今では確実にそれだけでは勝利することもできませんし、スポーツを通して人生を充実させていくことも、何かを学んでいくこともできないでしょう。

考えることの重要性を、まず世の中に広く伝えた功労者のひとりがヤクルトや阪神を率いた野村克也さんではないでしょうか。その後、ヤクルトの捕手だった古田敦也さんが考えることの素晴らしさを受け継ぎ、さらに結果を出すと同時に、社会にも広めてくれたのではないかと思います。

スポーツは首から下の体育ではなく、頭脳が必要なのだとメッセージしてくれたように思います。その考えることの必要性を、最も実行しているひとりが大リーガーのイチロー選手ではないでしょうか。

この考える力は決して学歴ではなく、何をしなければならないのかを、正解のない社会やスポーツの現場で常に自ら考えて答えを出し、実行していくことです。すなわち、ＰＤＣＡサイクルという脳の使い方を学べる最高の場のひとつがスポーツなのです。

自ら目標やプラン（Plan）を立てて、そのためにするべきことを明確にして、実行していく（Do）。そこに出るさまざまな結果を振り返って（Check）、そしてまた新たにそれを行動で実践（Action）していくということの繰り返しです。ＰＤＣＡサイクルを考えてやっていけない人に成長や学習もないし、結果や達成もないのです。

スポーツこそ、この社会で生きていく上での脳の使い方を人間として学べる活動でもあり、それができなければ、安定的に成績を出していくことはほぼ無理といっても過言ではないはずです。したがって、今活躍するアスリートやチームなどが考えることをなしにして、勝利を手にしているところなど絶対にないでしょう。

考える力は、言葉にすることによって養われていくので、自らの考えを話すことも重要になってきます。話すことで人の脳は磨かれていくからです。

過去にはスポーツのアスリートといえば、寡黙なイメージでしたが、それでは考える力は身に付きません。おしゃべりを推奨しているのではなく、言葉を重んじ、自分の考えたことを整理して話をしていくことが、考える力の基礎となっていることは間違いありません。

その他、考える力を感じるアスリートといえば、スポーツ庁の初代長官となった鈴木大地さんや、陸上４００メートルハードルで世界陸上メダリストになった為末大さんなどが思い浮かびます。他にもたくさんのそういった素晴らしいアスリートが近年確実に増えてきているのも事実でしょう。

もしかしたら、スポーツに勤しむあまり、いわゆる学校のペーパーテストは必ずしもよくなかった人がいるかもしれません。それでも、スポーツを通じて考える力を養ったことで、現役時代もそして引退後も活躍されている方はたくさんいらっしゃるはずです。それこそが文武両道の本質といってもよいでしょう。武だからこそ学べる文があると、声を大にして申し上げたいと思います。

POINT

- 「観る」「話す」「読む」「聴く」などの視点からスポーツに触れることで、元気になり健康を手に入れることができる。
- スポーツで感動する理由は、「共感をベースにした感動」と「驚きに通じる感動」の2つであり、それが感動の両輪である。
- スポーツは私たち人間に必要な多様性としての繋がりや、仲間としての存在を気付かせ続けてくれる文化なのだ。
- 組織（チーム）を活性化させるには、理念や思いを共有することによって、仲間感を育むことが重要だ。
- スポーツは、徳育・知育・体育のすべてをバランスよく育むことのできる人間の営みであり、成長を通じ人生を豊かにする力がある。

第5章

スポーツ医学が社会を救う

アメリカのスポーツ医学で新しい可能性が見えてくる

スポーツドクターは人生全体に関わるジェネラリスト

冒頭でも述べましたが、日本のスポーツ医学、スポーツドクターのイメージは整形外科のドクターで、スポーツ選手のケガを診る人、そのための医学に携わるドクターというイメージです。

アメリカにACSM（アメリカンカレッジ・オブ・スポーツメディシン）というスポーツ医学の大きな学会があります。医師やトレーナー、科学者など、スポーツに関わる専門家約5万人が所属する学会です。

スポーツドクターになりたての頃、毎年その学会に行くのがとても楽しみでした。その学会は別な言葉で表現すると、健康学会なのです。アメリカでは**「健康の担い手こそがスポーツ医学」**という考え方があります。**健康の3要素である栄養・休養・運動をサポートする学問がスポーツ医学なのだ**と。

日本の医学は、病気や病人を相手にする医学なので、健康のための医学がとても遅れています。一方、アメリカは医療費が高いですし、病気よりまず健康に関心が高い国のひとつです。さらにライフスタイルに基づいて栄養・休養・運動の専門家として健康獲得をアドバイスする考えがあります。それがスポーツドクターなのだと、この学会ではじめて知ったのです。

この学会の中にはアスリート部門があり、さらにその中のひとつのディビジョンにスポーツ整形外科があるという構造です。健康医学の市場規模にも驚きましたし、スポーツ医学こそがその中心的存在なのだとわかり、驚いたことを今でも覚えています。

健康をサポートすることは、ある面、医療よりも難しいといえるでしょう。なぜなら、症状が明確になっていて、その症状を治せば喜ばれるという医療ではなく、相手の健康を多角的に向上させ元気に導くという、大きな命題を果たさないといけないからです。したがって、クライアントとのコミュニケーションなど、相手の人生全体に関わるアプローチをしていくことになります。**疾病の専門家ではなく、人生全体に関わるジェネラリストというスペシャリストがスポーツドクターなのだ**と、考えさせられたような気がしました。

一方、日本にはスポーツクリニックはありますが、日本スポーツ医学という正式な講座を持っている医学部もありません。臨床スポーツ医学会（正会員は２０１５年４月時点で約３５００名）はありますが、あくまでも臨床という治療的領域に特化した学会です。

ＱＯＬの向上に欠かせない３要素

人間にとって健康はなぜ必要なのでしょうか。クオリティ・オブ・ライフ（ＱＯＬ）の観点から見ると、健康はひとつの手段です。ＱＯＬの構成３要素は、社会性と経済性と健康性です。この３つを損ねるとＱＯＬは低下します。すなわち、孤独で貧乏で病気です。

しかし、３つとも役割が違います。社会性と経済性はもともと誰もが持ち合わせていないので、自分の才能と努力と運によってこれらを獲得してＱＯＬを向上させようと、どの人も一生懸命に生きています。少しでもいい仕事に就こうとか食べていける資格を取ろうとか、友達を増やしたいとか偉くなりたいとか、いい家族を作りたいとか、社会性における〝獲得の快〟です。

また、経済性の面で少しでも給料を上げたい、少しでも貯金したいと、私たちは少しでもお金を儲けようと考えて生きているのです。経済性も〝獲得の快〟です。人はこの２つを獲得しようとみな必死で生きているのです。この２つはマズローでいえば承認欲求と社会的欲求という認知脳の働きを基盤とした人間のエネルギーの源のひとつです。

一方で、病気になればＱＯＬは低下します。健康はそもそも最初に与えられているものと考えられているので、健康を害するとＱＯＬが低下するという〝喪失の不快〟になります。なくなってはじめてそのありがたみに気付くのが健康です。そして定量化したり数字化したりするのが難しい概念でもあります。

ということは、健康は社会性や経済性を獲得するための大事な手段として、地味ですが健康を損なわないように健康に目を向けて、それを増進していかないといけません。つまり、人生の目的は社会性と経済性の獲得であり、健康性はあくまでもそのための手段なのです。もちろん、これまで述べてきたような自己実現の欲求にも健康はなくてはならないものです。

したがって、健康を目的にしているととても窮屈になってくることがあります。健康のためなら死んでもいいという笑い話のような発想です。健康をサポートするのは、あくまでもその人の社会性や経済性の獲得を見すえて、そのための健康であり、そのことによりその人のＱＯＬ向上に繋がるようにアプローチするということが何よりも大切になります。つまり、健康は目的ではなく手段なのです。クライアントの目的をしっかりと理解して、健康をサポートする必要があります。

スポーツドクターが、アスリートのケガを治療するドクターという印象から、スポーツを通じて、たくさんの方々の健康、そしてＱＯＬ向上をサポートしているドクターであるという印象に変わり、正しい認識が広がることを節に願っています。

そのためには、スポーツの文化的価値をしっかりと包含した解釈と、健康の定義とともにドクターの解釈を新しいものにしていく意識改革が必須なのです。

健康経営にスポーツ医学が活きる

ドクターは健康の専門家ではない

昨今、「健康経営」なる言葉が巷で流行っています。厚生労働省はもとより経済産業省も、企業における経営上の健康責任を問う姿勢を示すようになってきており、健康医学の専門家としては素晴らしいことだと思っています。

しかし、どの企業も健康の専門家を勘違いしているのではないかと思えることがあります。それはドクター、医療の専門家が健康の専門家だという思い込みです。

私も昔、慶應病院で内科医をしていた頃、専門は膠原《こうげん》病でした。つまり、医師は病気を専門にした職業であって、健康を専門にした仕事ではないということなのです。

医学部で学んでいる時のほとんどは病気についてのことで、健康の講座はありません。医師国家試験に合格して病院で働いている時は、毎日朝から晩まで病気の人、病人を診て、その病気を治すことに全力を注いでいるのが一般的です。健康を医療や医師の立場から見ると、病気かそうでないかという発想でしか見られず、そこには治療というイメージしか浮かんできません。

したがって、医師が健康についての講演をするとしたら、結局は自分の専門の病気の話をされるのではないでしょうか。そして、病気の予防と称して、早期発見という名の早期治療というアプローチに陥ってしまうのです。それでは社会や企業が求める本当の意味での健康増進はなされません。

健康は経営資源のひとつ

健康を医療ではなく、スポーツから見てみるとどうなるでしょうか。**健康は「損ねたら治す」というものではなく、「自身やチームのパフォーマンス、さらには勝つために必要な財産であり、資本だ」**ということに気付くと思います。健康の景色がまるで違ってくるのです。健康が財産や資本である以上、それは増資する、増やす、強化するという発想になるのです。

企業が求めている健康はそのような一歩先んじた、一級の健康なのではないかと私は思います。従業員が病気にならない、あるいは病気をいち早く治していきたいのではなく、より元気にいい仕事をしてほしいということなのではないかと思うのです。

いい仕事をするとは、それぞれがイキイキ、ワクワク、自分らしく力を発揮して、会社や社会に貢献するようなパフォーマンスをしていくことだと思います。それは、それぞれがビジネスアスリートとして、持てる力を発揮している状態だとイメージできれば健康であるはずです。ビジネスアスリートの健康をサポートする学問こそが、スポーツ医学なのです。

健康のヒントは栄養・休養・運動ですが、それを追求して一級の健康を基にして強くなり、結果として勝利しようとしているのがアスリートでありスポーツです。それをサポートしているのがスポーツ医学ということになります。

私はスポーツドクターとして、企業の産業医ではなく、カンパニーチームドクターとして企業というチームのパフォーマンス向上を健康の面からサポートしています。それは、**健康をひとつの経営資源と考えて、そこから社員の健康を通じて企業のパフォーマンスを向上させる**ためのお手伝いといえます。企業によってはＣＨＯ（Chief Health Officer）の立場で企業の健康増進をサポートしていることもあります。

健康経営を行うためのヒント

健康経営をしていく上で、最も大事なことは、経営トップの健康に関する考え方を言語化して企業全体にメッセージを出していくことです。

私は健康の専門家として、経営トップが健康についてどのような考えを持っているのかをじっくり聞き出していきます。このヒアリングには1年を要することもあります。まずは、従業員の像をいろいろと言葉にして明らかにしていくことから始めます。どんな従業員たちであってほしいのか、そのような従業員イメージに健康はどのように役に立つのかを掘り下げていくのです。健康はあくまで目的ではなく手段だからです。

掘り下げていくとビジネスアスリートの像が浮き彫りになってきます。錦織圭選手のようであってほしいとか、イチロー選手のようであってほしいとか、横綱白鵬関や伊調馨選手や吉田沙保里選手、羽生結弦選手のようであってほしいというような像が見えてきます。もちろん、業務に必要な技術はそれぞれ違いますが、人間像が見えてくると、どのような健康がなぜ従業員に必要なのか、改めて経営者もイメージできるのです。

そこから明らかになった健康の価値を経営トップからメッセージしてもらいます。それを背景に具体的な健康推進を、スポーツ医学とスポーツ心理学のノウハウを最大限に駆使して、人事や健康プロジェクト推進メンバーと病気対策ではなく、タフに強くしていくという発想で個人を強化します。スポーツチームを強くするのと同じです。健康でいい仕事をして、生産性を上げて、企業として勝っていくためには、健康が重要だというメッセージを送り、従業員の意識改革をしていくのです。

まずは病気の知識ではなく、心身の健康についての知識を、ビジネスの知識のひとつとして学んでもらいます。健康を自己管理していくために必要な知識をほとんど知らずに、気合や根性でがんばっているビジネスパーソンもいます。**ビジネスアスリートとしての最低限度の健康に関する知識を身に付け、そしてその知識が少しずつ意識を変え、行動を変容していくのです。すなわち、健康のためのライフスタイル・マネジメントの脳力を磨いていくのです。**

このようなアプローチはすぐに目に見える結果には繋がりませんし、元気そのもの、すなわち心身のタフさやイキイキ度合は定量化できません。しかし、従業員たちが元気に確実にいい仕事をしていると、経営トップや人事は感じるようになっていきます。世界で勝てる強いスポーツチーム作りのために、心技体を強化していくのと同じだと思っています。それこそがスポーツドクターの役割といえるでしょう。

健康資本を増資して最高のパフォーマンスを

このように、**健康のヒントはスポーツにあり、健康医学の担い手はスポーツ医学であり、健康を支援するのがスポーツドクターだ**という構造が、もっと社会で確立されることを心から望みます。それにはそもそもスポーツが体育だというような認識では、スポーツドクターの価値は見えてこないのです。つまりは、ビジネスマンの病気に焦点を当てるのではなく、スポーツのように彼らのパフォーマンスに焦点を当てて、それを向上させるために健康をサポートするのです。

パフォーマンスの構成要素は、そのパフォーマンスの中味（＝内容）と、それを遂行するための技と、それを表現するための体と、そのパフォーマンスの質を決定している心の状態なので、パフォーマンスの構成要素のうちの2つは、心と身体で健康というレベルと直線で結びついているのです。それはスポーツマンでもビジネスマンでもまったく同じなのです。**病んだ心や身体の専門家は医師ですが、これらの健康資本を増資してパフォーマンスに結び付けるためのヒントがスポーツであり、それをサポートするのがスポーツドクターなのです**。

企業のビジネスアスリートを作っていくにはスポーツドクターだけではなく、スポーツチームと同じようにサポートチームが必要です。パフォーマンスや、スポーツ・健康の専門家チームです。アスレチックトレーナー、フィジカルコーチ、スポーツ栄養士、メンタルトレーナーなど、技術を教えるコーチ以外のサポート部隊です。

スポーツの知恵を企業がもっと活かして、生産性向上、従業員のやる気アップ、働きがいの向上に繋がる健康経営を積極的に行ってほしいと思っています。それが強い組織をつくっていくことになるからです。

ライフスタイル・マネジメントの原点がスポーツにある

一流アスリートは自己管理を徹底している

健康の3本柱は栄養・休養・運動というライフスタイルそのものです。これらのライフスタイルをそれぞれ追及して勝利を目指しているのがスポーツです。

スポーツアスリートで栄養や休養やトレーニングを疎かにしている人は、個人差はあるもののほぼいないでしょう。それはこれらが自身の健康を通じて、強くなり勝利するために重要だとわかっているからなのではないでしょうか。働く一人ひとりにビジネスアスリートとしての意識を持たせて、自身の仕事で勝利していくためには、自らの健康を自ら管理していけるように教育していくことが何よりも大切です。

一流のアスリートになればなるほど、自己管理が徹底しています。なぜなら、そうでなければ勝てないからです。技の練習以外の健康管理です。スキージャンプの葛西紀明選手、大リーガーの川﨑宗則選手、白鵬関、オリンピックアスリートたちもみな、技術の練習以外に、身体を健康に保つために、それぞれの身体に合った目的を見すえたトレーニング、負荷と休みのバランスを考えた計画、そして食事に配慮してアスリート生活を送っています。

カズことサッカーの三浦知良選手も、シーズン中はほとんど外食せず、お酒もほとんど飲まないといいます。専属の調理師が作る料理によって摂取カロリーを制限し、体重の振れ幅も100g単位で管理し、どんな試合でも最高のパフォーマンスができるように体調管理を欠かさないのです。そのマネジメント力の高さが50歳を超えた今もプロアスリートとして活躍できている理由でしょう。それは健康こそ財産だとその価値を知っているから実践していけることなのです。

ビジネスアスリートが社会で勝ち抜くために

通常の栄養士は病気を治すための食事療法をしますが、スポーツ栄養士は勝つために食べることをサポートします。考え方が全然違うのです。

ビジネスアスリートも、社会という試合で勝ち抜くためにも、いつまでもイキイキと仕事ができるように、病気になったら治せばいいというレベルの健康の考え方から脱して、健康を自ら獲得していくようにしなければいけません。企業もただ単に健康診断の受診率を上げて早期発見を目指すのではなく、予防医学のレベルを超えて積極的な健康経営をしていく覚悟と、従業員というチームメンバーあるいはプレイヤーに対して、強化するという視点でサポートしていく姿勢を見せることが重要だと考えています。

私は、病院にいて患者さんを診るのではなく、現場すなわち企業に出向いて、勝てる組織を経営者や従業員とともに作り出していくことこそが、スポーツドクターの役割だと自負しています。スポーツチームのサポートとまったく同じです。

過去にアメリカの有名なスポーツ栄養士のナンシー・クラーク氏の書籍を日本に紹介してたくさんの方に読んでいただいたこともあります。世界ナンバー1のテニスプレイヤージョコビッチ選手が自身の食卓について語った書籍も最近では有名です。食がいかに自身のパフォーマンスや試合の結果に繋がっているのかということがしっかりと伝わってくる1冊です。

何を申し上げたいのかといえば、人生を豊かにするための文化としてのスポーツには、すべての人に共通する健康へのヒントが満載だということなのです。

既存のスポーツ概念に縛られて、スポーツ選手とビジネスマンとは違うといったように分けて考えてしまうのではなく、スポーツをさまざまな視点で社会の縮図として捉え、スポーツには、生きるヒントやこれからの社会に必要なことを私たちにたくさん教えてくれるものがあるのだということに気付いていただきたいのです。もっと文化としてのスポーツに関心を抱いて接してもらいたいというのが私の願いなのです。私はスポーツドクター

第５章
スポーツ医学が社会を救う

としてスポーツを診るのではなく、「スポーツであらゆる人を診る」ことを専門にしているのですから……。

POINT

● アメリカでは健康の３要素である栄養・休養・運動をサポートするのがスポーツ医学として認知されている。

● クオリティ・オブ・ライフの向上に欠かせないものは社会性・経済性・健康性。手段としての健康性を高めるためにスポーツは欠かせない。

● 健康資本を増資して従業員のパフォーマンス向上に結び付けるためのヒントがスポーツであり、それをサポートするのがスポーツドクターなのだ。

● スポーツアスリートと同じように、ビジネスパーソンも栄養や運動、休息など、自己管理力をアップして健康を自ら獲得していくことが必要。

第6章
スポーツを人生に活かす

心技体がすべての基本

スポーツこそ最も大切なのは心だと教えてくれる

スポーツは、心があって、パフォーマンスがあり、そして結果があるということがとてもわかりやすい人間活動です。たとえばサッカーなら、恐れや迷いがあるとペナルティキックがゴールの枠に入らないし、焦るとパスミスが起こり、不安だと消極的になって視野が狭くなるし、チームメイトと仲が悪いとチームワークが悪くなって試合に負ける、ということが極めて単純に展開される営みです。

結果は多因子なので、心だけの影響を受けるということはもちろんありません。しかし、結果を生み出すのに自身のパフォーマンスが大きく関わっていることは間違いないですし、自身のパフォーマンスの構成要素のひとつに心の状態があることも、また誰もが否定できない真実でもあります。

だからこそ、スポーツ界には昔から心技体という言葉があるのです。正確には、**心が備わらないと体が付かない、体が付いてこそ技が発揮される**と表現されます。すなわち、**す**

べての始まりは心にあるということがスポーツの原点でもあるのです。

最後にやってくる結果はわかりやすいので、一般的には結果しかスポーツでも人生でも見られませんし、評価されるのも結果ばかりです。そもそも認知脳はそれを源にして働いているのですから仕方のないことかもしれません。したがって、多くの人は結果だけを見ているのですが、**その最も上流で最も大切なところに、心の存在を感じさせてくれるのがスポーツだ**と私は確信しています。

その心とパフォーマンスと結果の関係性を学問にしているのがスポーツ心理学なのです。たとえば、ビジネス心理学や音楽心理学、勉強心理学という学問はありません。スポーツ心理学は、スポーツが最も心の存在とパフォーマンスと結果の関係がわかりやすい活動だからこそ、学問として確立していったサイエンスのひとつなのだと思います。

人生はスポーツと同じで心とパフォーマンスが重要

さらに、私が申し上げたいことのひとつが、このような心とパフォーマンスと結果の関係はスポーツだけではなく、ビジネスや音楽や勉強はもちろん、すべての人間活動、人生も同様なのだということです。

そのことに気付いている人が少ないのもまた事実で、とてもさびしく感じます。スポーツがすべての人生に共通して活かされるヒントがあり、そこから発生した実学が応用スポーツ心理学です。

人生は、結果がスポーツほどわかりやすいものではありませんが、そこにはパフォーマンスがあり、心の状態が存在しているという真実に間違いありません。この構造はすべての人がすべての時にすべての場所で、私たちを支配している法則といっても過言ではないからです。どんな人にも、どんな時も心の状態が存在していて、何らかのパフォーマンスがどんな瞬間でもどこにいてもあり、結果がその向こうに見える時もあれば見えない時もある、というのが人生で、例外は一切ないのです。

このようなことに私自身が気付かされたのは、アメリカで開催された応用スポーツ心理学会に30代半ばの頃に参加した時でした。スポーツ心理学を学問として研究発表する学会ではなく、実学として、どうやって社会にスポーツ心理学を応用していくのかを発表していた衝撃的な瞬間だったのです。

自分の取組みを様々な視点から発表されているスポーツ心理学の先生たちがこう述べられていたのです。「普段はコロラドスプリングスでオリンピック選手のメンタルトレーニングをしていますが、定期的にウォール街に行って、ビジネスマンのメンタルトレーニングを行っています」というようなスポーツ心理学者や、「いつもはスポーツアスリートのメンタルトレーニングをしていますが、週末にはニューヨークのジュリアード音楽院でミュージシャンのメンタルトレーニングをやっています」。このようなスポーツ心理学をベースにしたメンタルトレーナーの方々がいらっしゃったのです。

そこで音楽家向けのジュリアード音楽院でも行っているメンタルトレーニングを記した書籍を出版されているドン・グリーン博士と知り合いになりました。それを私が訳者として日本に紹介させていただきました。『本番に強くなる！演奏者の必勝メンタルトレーニング』、『ジュリアードで実践している演奏者の必勝メンタルトレーニング』（ともにヤマハミュージックメディア）です。

たくさんの人から「スポーツドクターの辻がなぜ音楽家のメンタルトレーニングの書籍を出版したのか？」「何か楽器をしていたのか？」「音楽に精通しているのか？」などの疑問を投げかけられました。私は楽器もやりませんし、音楽などまったくもって素人です。しかし、心とパフォーマンスと結果という関係はスポーツ同様に音楽にもあって、その心の創り方はスポーツ心理学から学ぶことができるのだということをお伝えしています。

心の状態をよりよくしてQOL向上を目指す

この学会ではこんな意見も耳にしました。「NBAのあるチームで、昨年はこんなチームワークトレーニングを行ったらエクセレントチーム作りにとても役立ったのだけれど、同じようなやり方をしていても、今年は大リーグのチームではどうもしっくりこないのですがみなさんどう思いますか？」というような会話です。

これまで私がドクターだった頃は決して経験してこなかった、これこそが実学なのだと感じ取った記憶が今でもあります。

つまりはアイデアが大事なのだと思いました。社会の縮図であり、人間の営みを端的に表現している文化としてのスポーツから生まれたスポーツ心理学を、いかに人に応用してQOL向上に役立たせるのかという視点で、アイデアを出していけばいいのだと閃いたのです。

そこで思い立ったのが日本で爆発的に売れていたバスケットボールを題材とした漫画『スラムダンク』のシーンを使い、多くの人にスポーツ心理学を紹介することです。

作者の井上雄彦先生に相談させていただいたところ、ぜひ書籍にとのお言葉をいただき、人生ではじめて執筆した本が『スラムダンク勝利学』でした。おかげ様でこの20年弱の間に42刷となり37万冊が発行され、多くの方々に読んでいただくことができました。心の存在や価値は多くの人に共通しているし、その上で、心の創り方や整え方や切り替え方に興味のある人がたくさんいらっしゃると確信することができたのです。

そこでスポーツという素材から生まれたスポーツ心理学、そしてそれを応用して、メンタルトレーニングとして社会に展開する仕事を、スポーツドクターとしてのライフワークにすることになったのです。それは**心を学問とするのではなく、心の状態をよりよくするための脳の習慣をトレーニングする実学のこと**です。文化としてのスポーツから生み出された応用スポーツ心理学が、社会に役立つことを証明していきたいという思いです。

応用スポーツ心理学をビジネスにも活かす

スポーツ界のメンタルトレーニングは、最近では一般化され始めたように思います。

２０１５年のラグビーワールドカップで、日本のエディー・ジョーンズヘッドコーチが、歴史に残る結果を出すためにはメンタルトレーニングが必要だと、メンタルトレーニングの専門家を招聘した話はとても有名です。五郎丸歩選手を中心に、メンタルトレーニングを受けてルーティンを磨きパフォーマンス向上に繋げていったのです。

テニスの錦織圭選手はアメリカのＩＭＧというスポーツトレーニング機関で育ち、もちろんメンタルトレーニングを受けてきているはずです。私もプロ野球選手、Ｊリーガー、プロテニス選手、プロサーファー、プロゴルファー、プロアイスホッケー選手やいくつかの競技のオリンピック選手たち、また大学体育会などのパフォーマンス向上のためにメンタルトレーニングを行っています。

しかし、私のクライアントの多くはスポーツアスリートではなく、ビジネスパーソン、経営者、音楽家、教師、囲碁棋士、芸術家など、さまざまな方々なのです。特に、企業での人材育成や風土改革に参画し、応用スポーツ心理学を通じて、タフでしなやかな強いビジネスパーソン作りを進めています。

たとえば、**最高のパフォーマンスができるように、「ご機嫌！」な状態になるためのメンタルトレーニングや、チーム全体の価値の共有、理念の共有などを通して、前向きでフローな状態で仕事に向き合える環境を作っていく**お手伝いをしています。

応用スポーツ心理学によるメンタルトレーニングが、企業におけるメンタルタフネスに役立つということは、スポーツの価値が経済界、ひいては日本全体に認められることに繋がるのだと信じています。

メンタル・マネジメントのヒントこそスポーツにある

スポーツのメンタリティを人生に活かす

どのようなメンタリティを、スポーツから人生に活かすことができるのでしょうか。

世界的なスポーツメーカーが「Just Do It !」と述べていることは誰でも知っています。まさに「ただそれをやる！」が理想です。言葉にすると簡単ですが、実際にやろうとすると、これが簡単ではないのがスポーツであり人生です。つまり、下手をするとほとんどの場面で「Just」は程遠く、「ぐちゃぐちゃ」「Do It」になってしまっているのです。

スポーツも人生も絶対的に大事なことは、「Do It !」、つまりいつでもどこでも「それ」を「実行」していかなければ何事もなすことはできないはずです。しかし、それを実行するのは、スポーツでもビジネスでも人生でも、人間なので心の状態が存在しているのです。心が揺らいだり乱れたり、とらわれた心の状態で「Just」とは程遠く「Do It」している場合があまりに多いのではないでしょうか。

しかし、スポーツではそのような状態ではパフォーマンスを発揮し、結果を出すことはできないのです。だからこそすべてのアスリートは「Just Do It !」を目指しているのだと思います。**人生という試合を、すべての人が自分のパフォーマンスを発揮しながら歩んでいるのだとすれば、同じように「Just Do It !」をいつでも実行できれば、よりよき人生を切り拓くことができる**でしょう。ただし、人はロボットではないので、喜怒哀楽もあり、心に振り回され、パフォーマンスを発揮できないのもまた人間らしさなのです。

そこで、自らを自らのパフォーマンスのためにマネジメントし、少しでも自身で「Just」に近い状態に切り替えることをスポーツアスリートたちは目指し、そのためのメンタルトレーニングを積んでいるのです。試合の現場では、どんな時も頼りになるのは自身でしかありません。また仲間の助けを得られるようにできるかどうかも自身にかかっているのです。人生もまったく同じです。

「するべきことを機嫌よく!」で人生の充実と達成感を

この「Just」の状態を心理学的には「フロー」と表現しています。シカゴ大学の行動科学の元教授であったチクセントミハイ博士が、どんな人もどんな職業でもどんなことをしていても、自分らしく自分の力が発揮されている時の心の状態は共通していて、その状態を「フロー」と呼ぶとされたのです。「フロー」の状態の定義はさまざまな学者によって論じられています。無我夢中の状態と表現されることが一般的ですが、私は**「揺らがず・とらわれずの状態」**、**「あるがままの自然体な感じ」**、あるいは**「機嫌のいい感じ」**と捉え、なるべくすべての現場で役立つようメンタルトレーニングでそれを目指すようにしています。すなわち、**スポーツはもちろん、ビジネスも人生もすべてにおいて「Flow Do It !」でやっていくことが、充実と達成感の両方をもたらす**ことになるのです。

私はこうも表現しています、「するべきことを機嫌よく！」と。それはまさに人生もビジネスもスポーツもまったくこの考え方は共通しているのです。もちろん、「It」はすべての瞬間で変化していきますし、スポーツでするべきこととビジネスや日常でするべきことは違います。しかし、「Do It !」を「フロー」でやることの価値は絶対的だと私は人間の仕組みとして確信しています。

スポーツの世界ではそのためにメンタルをタフにしていくことが望まれ、その方法や取り組みはさまざまありますが、多くの人がメンタルを大切にしているはずです。

スポーツから人生を生き抜くライフスキルを身に付ける

ビジネス界でも同じようにあるべきなのではないでしょうか。ビジネス界では働く人のメンタルヘルスには興味が持たれ注力されています。すなわち、これはどちらかといえば、疾病から見たマイナスな心の状態への関心とアプローチです。病んでしまった状態への治療的対処は企業としても国としても必要ですし、そうならないための環境整備や人的配慮は予防措置として、さらに重要であることは否定できません。

しかし、このようなメンタルヘルスという発想ではなく、スポーツと同じようにパフォーマンスの視点から考えたメンタルタフネスに向けた、メンタルトレーニングのような発想の重要性に企業が気付いていくべきだと思うのです。

セルフマインドマネジメントの脳力はひとつのビジネススキルであり、人生を生き抜くためのライフスキルだと私は思います。そのヒントこそ応用スポーツ心理学にあるのです。身体の健康を自己管理するのと同じようにメンタルのセルフマネジメントの重要性に目を向けるということです。それが自らの心を整え切り替えることになるからです。

さて、イチロー選手はどのように切り替えているのでしょうか、錦織圭選手はどんなタフネスを目指しているのでしょうか、横綱白鵬関は集中するためにどのような心掛けをしているのでしょうか、など「Flow Do It !」していくためのヒントは多々あるのです。

心の状態を「フロー」に自らマネジメントしていくのは自身の脳の習慣なのです。すなわち思考のルーティンです。ルーティンという心を整えるための習慣を指す言葉が注目されたのも、ラグビーの五郎丸選手のキックの前の独特のポーズからです。イチロー選手の打席に入る度に大きくバットを回す仕草はまさにルーティンです。

ルーティンは縁起のような結果に繋げるためのものではなく、あくまでも〝心を整えるための習慣〟です。この心のための習慣には2つあり、ひとつは「行動の習慣」。イチロー選手のバット回しや、五郎丸選手のポーズなどです。しかし、行動のルーティンは、いつでもどこでもできるわけではないという限界があります。

もうひとつが「思考の習慣」です。私がやっているメンタルトレーニングはこの力を獲得するためのものです。そのことにより心に「フロー」な風が吹くようにする思考習慣トレーニングです。この思考をする脳の習慣をライフスキルと呼んでいます。**目の前で起こっている状況に対してどうやって心を整えるのか、という外界に応じての対策ではなく、いつでも心が自ら「ご機嫌」になれるような思考習慣を身に付けていく**トレーニングです。それが自然に、無意識にできるよう、思考の素振りをさせていくのが私の仕事です。

スポーツ界からルーティンという言葉が広がり、注目されるようになりました。メンタルトレーニングは思考のルーティン形成に繋げる脳のトレーニングといえるでしょう。メンタルトレーニングを通じて、ライフスキルを磨いている私のクライアントのビジネスパーソンたちは、応用スポーツ心理学を通じてスポーツの文化的価値を享受しているということにもなります。それにより仕事はもちろん人生を通じて豊かになるという体験をしていくことになるからです。

リーダーシップはどこでも求められる

スポーツコーチというリーダーの役割

リーダーシップという言葉もスポーツから始まったのではないでしょうか。したがって、スポーツ界の監督やコーチという人たちから、ビジネスや日常のリーダーとしての姿勢や生き方が学べることも多々あるでしょう。実際に知らず知らずのうちにスポーツ界のリーダーから学んでいることがあるはずです。

優れたスポーツ界のコーチたちは、間違いなく人のパフォーマンスの構造を熟知しています。すなわち、心技体の総合性、そのバランスによって繰り出されるのが人間のパフォーマンスなのだと知っているのです。

技はもちろん大事ですし、それによって遂行される戦略が重要なことも明らかです。しかし、さらにはそのための体が必要で、もちろんそこには何よりも心の状態があって、すべてのパフォーマンスの質が決まっている。そのことを確信してプレイヤーのパフォーマンスを引き出しているのです。

テニスの錦織圭選手のコーチにマイケル・チャン氏が就任してから、彼は世界のトップ選手に躍り出ました。私の分析はこうです。マイケル・チャンコーチはまず世界で勝つための、そして世界ナンバー1のテニスプレイヤーに必要な戦略とイメージ像を錦織選手に具体的に指示し理解させます。そうすると、そのためには何が自分には必要なのかが見てきます。一方で何が足りないのかも。そして、そこを埋めるための心技体のトレーニングは何が必要なのか明確にされていくのです。そのことによって、技術向上の練習はもちろん、フィジカルの練習も、そしてメンタルなトレーニングもなぜ重要なのかの価値がしっかりとわかって、取り組むことができるようになったのだと思います。

マイケル・チャンコーチのような指導は、ビジネスのリーダーでも同じなのではないかと思うのです。**戦略やイメージがあって、技術があって、身体があって、そして心がある。**ビジネスアスリートがエクセレントな仕事ができるように導くのもビジネス・リーダーの仕事であり、スポーツの指導者とまったく共通しているのだと私は思っています。

リーダーシップはアートであり、メンバーを信じること

さて、他のスポーツコーチから人生に役立つリーダーシップを考えてみましょう。やはりすぐに思い出されるのは、2015年にラグビーワールドカップで日本代表を率いて、

世界をアッといわせる結果を残すチームに導いたエディー・ジョーンズヘッドコーチです。彼もチームの持てる力を遺憾なく引き出し、歴史を変えたリーダーのひとりだと思います。

彼が大事にしているリーダーとしての哲学を垣間見ることができるコメントをご紹介したいと思います。

「選手一人ひとりにとって、何が必要なのか、それを見極めるのがコーチングにおける『アート』なんです。選手個々の能力を引き出すためには、どのようなコミュニケーションを取るべきなのか。それこそ数限りないケースが考えられるわけです。その見極めにこそ『アート』が生まれる余地があります」

彼はリーダーにはアーティストの感性が必要だといいます。さらに、

「観察をしなければ、選手から最大限のパフォーマンスを引き出すことは不可能です」

彼はプレイヤーを観察し、その力を引き出すことを芸術のように正解のない可能性のあることだといいたいのでしょう。

「コーチングはビジネスです。しかし、ビジネスだからといって楽しんではいけないということはない。人間の活動ですから、楽しめる要素を入れるのは大切じゃないですか？」

「世界的に見て、成功を収めているチームは例外なく『ハードワーク』を厭わないチームばかりです。しかし、コーチとしてはハードな中にも楽しめる要素を入れてあげなければいけない。なぜなら、楽しむ要素があれば、選手はより懸命に、ハードな練習に取り組めるからです」

アーティストとしてのコーチングは、プレイヤーたちに①ハードワーク　②楽しさ　③規律　④柔軟性、が重要だと強調し、それを導いていくことなのだというのが彼のリーダーシップのキーワードのように感じます。アートだという彼の考え方こそ、パフォーマンスや表現やプレイは見えない中でそれを大切にできる哲学が重要なのだということを示す証拠だと感じます。

さて、エディー・ジョーンズヘッドコーチはさらなる哲学の柱として信じるということを大事にします。

「日本代表が成功するためには、選手たちが『自分たちのプレースタイルで戦うんだ』と自信を持つことです。ラグビーではフレキシブルに対応することが求められますが、ボールを保持するスタイルが十分に通用する、そう信じることが大事でしょう。それを基にして、ジャパンらしいオリジナリティあふれるラグビーを創造していかなければならない」
※エディー・ジョーンズ氏の言葉は、『ラグビー日本代表ヘッドコーチ エディー・ジョーンズとの対話』（生島淳／文藝春秋）より

この信じるというのはまさに心の話で、それを大事にするリーダー像がエディーヘッドコーチから見えてきます。彼が語るリーダー哲学は人間の仕組みを知り抜いた人として、ビジネスでも社会でも通用する考え方なのではないでしょうか。人生におけるリーダーのあり方を考える上でもスポーツ界のリーダーの哲学が役に立つのだという証拠です。

フィル・ジャクソンの3つのリーダーの条件とは

私が尊敬しているスポーツ界のコーチのひとりは、NBAのフィル・ジャクソン氏です。ヘッドコーチとしてマイケル・ジョーダンやコービー・ブライアントなどのスーパースターたちを育て、かつチームを必ず優勝するエクセレントチームへと導く名将として名高いバスケのカリスマコーチです。

彼は自らリーダーとしてのあり方に不可欠な条件を挙げています。フィル・ジャクソン氏はそこに禅的な考えを強く盛り込んでいるのが特徴です。

１　コントロールを諦める

「意識をコントロールしようとせず、自然にまかせる。また人をコントロールしようとせず、ただ見守る」※2

２　今を信じること

「私を含んだほとんどの人間は、過去や未来に思いを巡らすことに夢中になって、多大な時間を費やしている――それは、バスケットボールで勝利を収めることを仕事とする身には危険なものに成り得る。バスケットボールでは、閃光のような速さで物事が起こるため、容易にミスが起こり、すでに起こったことや次に起こることで頭が一杯になりやすい。そのために、プレイヤーの注意はあちこちに散らされてしまい、唯一実際に起こっている『現在のこの瞬間』が見えなくなってしまうのだ」

「禅の実践をすることで、現在の瞬間に起こっている物事に対して敏感になるだけでなく、時間がゆっくりと感じられるようになる。なぜなら、未来へ急ぎ過去に迷う傾向がなくなるからである」

３　慈悲と共に生きること

「己がために為すことは他がためとなり、他がために為すことは己がためとなるのです」※3

『イレブンリングス勝利の真髄』（フィル・ジャクソン／スタジオタッククリエイティブ）

何と素晴らしいリーダーとしてのモットーであり、メッセージでしょう。それはアメリカン・インディアンが実施する長老型マネジメントの基本であり日本の禅的思想でもある考えです。

このようなリーダーだからこそ、マイケル・ジョーダンはもちろんコービー・ブライアントにもリーダーシップが育まれたのだと思います。彼のようなリーダーこそが真のリーダーを育てていくのだと思います。

フィル・ジャクソン自身が以下のように語っています。

「あらゆる事柄の中で最高に嬉しかったのは、コービーが、自己中心的で要求が多いプレイヤーから、チームメイトたちがついて行きたいと思うようなリーダーへと成長する姿を見られたことだ。コービーは、報いを受けるために、与えることを学ばなければならなかった。そうすることで初めて彼は成長を遂げることができた。リーダーシップの本質とは、決して自分の意志を他人に強制することではない。それは、自由を与える術《すべ》を身につけることなのだ」

『イレブンリングス勝利の真髄』(フィル・ジャクソン/スタジオタッククリエイティブ)

スポーツのリーダーについて語ってきましたが、スポーツコーチは私たちが日常で必要とするリーダーシップのあり方を学ぶにはうってつけの存在です。すべての人にスポーツをしてほしいのではありません。**スポーツに関心を持ってほしいのです。スポーツに触れることの価値を知ってほしいのです**。なぜならスポーツは社会の縮図であり、人間を耕すためのヒントが満載の文化だからなのです。だからこそ、どんな人の人生にも役立ち豊かになっていくことになるのです。

チームワークが不要な社会はない

エクセレントな組織にするための3つの条件

チームワークという言葉もまたスポーツからきた言葉です。人間は社会でひとりで生きていくことはできません。人間関係の中で必ず複数の人たちと共に生きているのです。家族も仕事もスポーツもみな同じです。そんな人間関係を質高くより良いレベルで維持していくキーワードがチームワークになります。

チームワークを学ぶにもスポーツはとても参考になる人間活動です。チームは人の集合体なので、チームメイトの出入りによって生き物のように変化しますが、ここではエクセレントなチームの共通点を考えてみたいと思います。

結果を出しているスポーツチームには間違いなく参考となるヒントがあります。**エクセレントチームにおける必要十分な条件は3つです。1つ目は個人の自立、2つ目が信頼の関係性、そして3つ目が全体の共有**です。最終的には人間関係ですから信頼が最も重要ですが、その信頼を醸成していくためには、個人の自立と全体の共有が絶対的に重要です。

自立とは「Flow Do It」していることで、すなわちするべきことを質高くやっていること。やるべき事として自らの心に責任を持つ、それは自己責任を果たすということと同義です。

井上雄彦先生の書かれたスポーツ漫画『スラムダンク』の湘北チームには、桜木花道をはじめとした主人公たちが誰一人やらされているのではなく、内発的にイキイキ、ワクワクやっている状態です。自己責任を果たして自立している人は、組織のさまざまなものを自ら共有しようと努力します。自己責任を果たして「フロー」な心でいるので、自分の好むと好まざるとに関係なく、組織に所属する中で大切にしているものを共有する、これを自らの意志で実行するのです。

エクセレントチームとして共有しなければならないものに、まずは目標と目的があります。とかく目標の共有だけがわかりやすく目立ちやすいのですが、エクセレントチームには目的の共有が必ずといっていいほど徹底されています。

エディー・ジョーンズヘッドコーチが指揮をとった日本ラグビーチームでは、ワールドカップでベスト8に入るという目標だけでなく、ラグビー界の歴史を変えるとか、ラグビー界の関係者の誇りを取り戻すという目的が明確にされていました。それをみなで共有してひとつになっていったと聞きます。

これと同じようなことでいえば、戦略も重要ですが、使命の共有ができているチームのチームワークは高いといえるでしょう。スポーツチームと同じように、ビジネスでも同じことがいえます。日本は、１００年以上続く会社が世界で一番多いといわれています。それは、老舗の会社は、この目標や戦略だけでなく、目的や使命といった定量化できないものまでも共有しているからではないかと思います。その根底には滅私の発想ではなく、真の自立の考えが見えてきます。

スポーツ界のチーム作りが企業のエクセレントカンパニー作りのヒントになる場合は少なくないのではないかと推察できます。もちろん、経営とスポーツの試合や大会は違うところがあるでしょうが、スポーツチームが人間の集まりであるように、会社も人が集まってできた集合体だとすれば、人間関係などを踏まえたチームワーク作りには、大いに共通点もあり参考になるものがあるはずなのです。

チーム作りの11か条のルール

先ほどリーダーの項目でフィル・ジャクソンヘッドコーチを紹介しましたが、チーム作りでも彼は素晴らしいヒントを私たちに提供してくれています。

「ジャクソン・イレブン」と呼ばれた11か条のルールです。

①内側から導くこと（威嚇し無条件に従わせるのではなく、精神に働きかける）

②エゴをベンチに下がらせること（自分のエゴを手放し、自分はチームのビジョンを保つという役割に専念。自分がすべてを支配するのではなく、誰もがリーダーシップを発揮できるような環境を整える）

③運命を自分自身で切り開かせること（他人に自分の意志を押し付けることはできない。選手自身に決めさせる）

④美しいシステムこそ、自由へと至る道である（トライアングル・オフェンスのシステムを徹底することで、選手の役割を明確に。何十ものセットプレーの暗記から解放することで、選手は一瞬一瞬に完全に集中し創造的に動ける）

⑤俗世的なものを、神聖なるものへと変えよ（コーチとしての仕事は、バスケという地上で最も俗な活動の中に神聖な感性を作り上げること。戦術の次元を超えて集中すべきものを選手に与えること）

⑥呼吸を合わせる＝心を合わせる（才能に溢れる選手たちをひとつのチームにする。今この瞬間に意識を集中させることと、選手たちの呼吸が揃い、非言語的レベルで一体化することに効果）

⑦勝利への鍵は慈悲である（「しかし私は、優しく思いやりに溢れたほんの一言二言が、人間関係にとてつもなく強い影響を与えることを知っている。そしてそれは、チームで最も屈強な男に対してさえも同じなのだ」）

⑧スコアボードではなく、魂に目を向けよ（「ほとんどのコーチは、自らの戦術を気にしてひどく頭を悩ませるものだ。しかし私は、選手たちが魂のこもった動きをしているかどうかに注意を集中させるのを好む」）

⑨時折は警策を振るうこと（禅僧が持つ「慈悲の棒」を振るうこと。瞑想者を蘇らせ、その瞬間により意識を集中させるため。時には選手をあえて悩ませる）

⑩疑念の中では何もしないこと（精神を休ませることで、インスピレーションが湧く）

⑪リングを忘れよ（勝ちにこだわりすぎれば、精神がうまく機能しなくなる〈老子の教え〉。「結果《ゴール》ではなく過程《ジャーニー》に集中せよ」、「最も大切なのは、正しくバスケットボールをプレーすることであり、バスケットボールの選手としてだけでなく、人間としても成長するための勇気を持つことである。そうした時、優勝リングは自然と転がり込んでくるものだ」）

『イレブンリングス勝利の真髄』（フィル・ジャクソン／スタジオタッククリエイティブ）※4

このような11か条は組織をエクセレントに導き、チームワークという大きな命題の解決のヒントになるかもしれません。チームは人で構成され、チームワークは人によって創り出されていくという共通の構造が、ビジネスにも同じように存在しているのだということがわかれば、もっとスポーツの価値を企業経営により活かしていくことができるでしょう。

心を整えてライフスキルを高める

「フロー」を生み出す「ライフスキル脳」とは

「Flow Do It !」することの価値と、それを作り出したり阻害したりするという脳の構造がわかれば、「フロー」を自ら導くこと、リーダーとして他者を「フロー」にすること、それからチームや組織を「フロー」な風土にすることなどが、すべての人生に通じると腑に落ちるはずです。

このような「フロー」に価値を重んじて「フロー」を創り出す脳機能を、**「ライフスキル脳」**というひとつのスキルであると応用スポーツ心理学では考えられています。

「ライフスキル脳」とは、簡単にいえば、自分の内面に脳を向けて自ら心を整える力で、外界の起こった出来事に対して動ぜず、あるがままに感じ、今ここに生きることのできる脳力といえます。

スポーツにおける競技力向上あるいは勝敗や結果のためにも、この「ライフスキル脳」が重要なことは明らかです。ライフスキルを、スポーツを通じてアスリートが磨いていくのは自身のためでもあり、チームのためでもあります。昨今そのような目的でスポーツ界でメンタルトレーニングが盛んに行われるようになりました。ライフスキルが身に付いていなければスポーツ界では生き残れないからでしょう。アスリートとしての可能性を伸ばすためにもライフスキルは必須です。

社会の中で活躍するためにも、ライフスキルの高いことは絶対に望まれる共通のスキルであり、脳力でもあります。**スポーツの技術スキルは社会に役立ちませんが、このライフスキルはどんな会社でもどんな家庭でもどんな社会でも必要です。**

ライフスキルの高いイチロー選手や吉田沙保里選手、錦織圭選手、内村航平選手をあなたの会社に招き入れたいと思いませんか。ライフスキルの高いフィル・ジャクソン氏やエディー・ジョーンズ氏を上司に迎えたいと思いませんか。ライフスキルの高いプレイヤーとライフスキルの高いリーダーのいるチームワークの高い会社で働きたくありませんか。スポーツがすべてだとはいいませんが、スポーツを通じて学ぶべきライフスキルというひとつの能力が、もっと社会で活かせるのだということに気付くべきです。スポーツ界もビジネス界もです。**ライフスキルは勉強ができる脳ではなく、心をマネジメントするための脳ですから、どんな人にもどんな仕事にも役に立つ人生のスキルなのです。**

心を整えて「今ここ」に集中する力

欧米ではプロスポーツ選手がドクターだったり、オリンピックアスリートが弁護士だったりするのは、スポーツと勉強の文武両道ではなく、どちらにも繋がるライフスキルの重要性を社会全体が理解してきたという歴史があるからだと思います。ライフスキルの概念とスポーツと社会の共通性を把握している社会構造があれば、**セカンドキャリア（スポーツアスリートとしての現役選手を退いた次の人生のこと）というような考え方すらが不要**だと私は思います。

私がメンタルトレーニングを担当し、ライフスキルを磨いて長野オリンピックに出場した元アルペンスキーヤーの平澤岳選手などは、引退後も起業してビジネスを成功させているひとりです。

彼とよく話すのですが、今のビジネスにおいて一番役に立っていることは、アスリート時代に学んでいたライフスキルだと断言します。メンタルトレーニングは自分の心を自分で決めていける力です。**自らの脳の機能で心を整えて、心を切り替えていく力です。今に集中して、できることを全力でやるという習慣は、今のビジネスに活かすことができる**と、彼はいいます。**「揺らがず・とらわれず」の心でイメージを前向きに持って、自然体でするべきことをする習慣が仕事に大いに役立っている**からだと。スキーという自然相手のスポーツだったので、自分の思った通りにならない環境の中で、今自分のできることをするという、心の切り替え方もビジネスにとても役立っているといいます。

この平澤選手のように、ライフスキルを競技のために磨いてきたことが結果的に最高のセカンドキャリアとなるということに、多くのアスリートたちが気付くべきです。セカンドキャリアのために現役中に社会の職業スキルを体験するなどという試みがスポーツ界でも行われているようですが、ライフスキルこそ競技にも役立ち、その後の人生にも持っていける最も役立つスキルなのです。

一方、スポーツ界で磨かれるライフスキルが応用スポーツ心理学によるメンタルトレーニングを通じて、ビジネスアスリートにも共通して役立つのだという好循環サイクルをたくさんの方に気付いてほしいと心から願います。

POINT

●スポーツもビジネスでも応用スポーツ心理学のメンタルトレーニングによって、常に自然体であるがままの平常な心の状態を導き、人生に充実と達成感をもたらすことができる。

●優れたスポーツ界のリーダーは、心技体の総合性とそのバランスによって繰り出されるのが人間のパフォーマンスなのだと理解し、アスリートに最高の仕事ができるよう導いている。

●エクセレントな組織の条件は、質の高い関係すなわち信頼で、その「信頼」を築くためにも「個人の自立」と「全体の共有」が必須となる。

●自分の内面を見つめて自らの心を整える力であるライフスキル脳を鍛えることで、何事にも動じずに、「今ここ」に集中して「ご機嫌」な状態（フロー）になり、「**Flow Do It!**」することができる。

第7章
スポーツが果たすべき使命とは

プロスポーツの果たす役割を考え直す

これからのプロスポーツのあり方とは

スポーツのプロ、プロアスリートとはどんな存在でしょうか。一般的にはスポーツだけで生計を立てている人という定義かもしれません。医療のプロがドクターだとすれば、もちろん医療で生計を立てている職業人ですが、一方でこういう解釈はいかがでしょうか。最も医療を知り、その価値を社会に提供できるプロがドクターだと。

このような解釈でいえば、最もスポーツを知り、その価値を社会に提供できるプロがプロアスリートだといえるのではないでしょうか。となれば、ただそのスポーツをしているだけのスポーツ選手では、真のプロとはいえないのではないでしょうか。

イチロー選手は間違いなくプロでしょう。野球とは何かを最も知っていて、その価値をさまざまな方法で提供しているからです。その価値の最も大切なひとつである「元気・感動・仲間・成長」を届けているプロであるといえるでしょう。それはプレイでも記録でも言葉でもその姿でもです。横綱白鵬関はどうでしょうか。先述したように相撲とは何かという存在意義まで熟知して、相撲の価値を日本で一番提供しているひとりです。

彼らは間違いなくプロアスリートです。価値の提供の方法はもちろんさまざまでしょう。地方巡業で直接地域の人たちだったり、メディアを通して不特定多数の人たちだったり、届け方も相手も、プレイすることだけでなく本当にさまざまあり、それを全力で提供するのがプロアスリートであってほしいと私は思います。その価値を提供できるに相応しくあろうとアスリートは自分自身を磨き続けていく必要があるのです。

ただ、お金を稼いでいるという定義の職業人的なプロアスリートはプロでも何でもなく、日本のスポーツの発展に何ら寄与していないことになるでしょう。そのような状況では日本でスポーツの文化的価値も創造されていかないと思います。

それでは1961年のスポーツ振興法から50年、スポーツ文化国としての遅れを埋めていくことにならないのではないかと感じます。プロスポーツが高いレベルでのスポーツの価値を、プロとして当たり前のようにさまざまな方法で伝えていく使命を担ってほしいと願います。

プロとしてスポーツビジネスの文明的成功だけを目指すのではなく、その価値をプロとして責任を持って社会に伝えていくことが日本を変えていくことになるのです。2020年に向けてプロスポーツ界はそのような思いで取り組んでいってほしいと思います。

日本のプロスポーツ界を変えたＪリーグ

プロスポーツは日本の場合、大相撲は別としてプロ野球の発展から始まっています。しかし、日本のプロ野球の場合はオーナー企業が全面的に前に出ているのです。それは企業に支えられたプロチームであるというイメージがとても大きく、しかもその企業がメディアなどでの発信力と強く結び付き、さらには税制上も優遇された特別な環境の中で育まれていったのです。

そのような日本特有の成り立ちのプロ野球に対して、地域に密着したヨーロッパのプロのあり方を１９９１年に提示してＪリーグを立ち上げたのが当時の川淵三郎チェアマンでした。

これまでのプロ野球のような企業がオーナーとして全面に出るのではなく、スポンサーとしてチームを通して広告宣伝を通じて、地域貢献していくという発想です。そのために地域に根差し貢献するためにチームは何をしたらいいのかを懸命に考えているのが、Ｊリーグチームの今の姿勢です。そのことによりサポーターという存在が育ち、行政とともにそのチームを応援していくという構造です。そして、クラブとしてのプロチームはその地域にジュニアやユースのチーム、あるいはキッズのアカデミーを設立して同時に運営し、ますます地域との密着性を高くしていくのです。

その活動と姿勢をスポンサー企業も応援して、広告宣伝のひとつとして力を入れていくのです。**Ｊリーグの誕生は、プロ野球の一極集中だった日本のスポーツ界を劇的に変えていくことになった**のです。

スポーツチームと行政と企業のタッグが築く未来へ

一方で、企業とプロスポーツチームと地域の関係はそれだけでいいのかと未来を考えると疑問と不安が生じます。プロスポーツチームが地域や企業に提供できるものは何なのか。そして、その提供するものの見返りには何があるのかなど、次世代のあり方を考えてもいいのではないかと勝手にアイデアを考えています。

まずは、**スポーツの文明性やビジネス性としての価値ではなく、初心に戻りそもそもの文化的価値を、行政とスポーツチームと企業が共有することこそが新しい文化の創造に繋がる**と思います。そして、すべての人が欲している「元気・感動・仲間・成長」を共有するのです。それはなぜかといえば、そのほうが儲かるからではなく、**人として耕され心豊かになるからだ**という大前提のコンセプトがあるからです。スポーツがそれを地域や企業に届けることによって、ＱＯＬの高い社会をプロとして提供するのです。

プロスポーツチームは地域にスポーツの医療性と芸術性、コミュニケーション性、教育性を提供し、地域の抱えている問題をスポーツで解決していくソリューションを提供するのです。スポーツが文化だとわかれば、その解決の糸口が必ずあるはずなのです。試合をしてそれを観て結果に一喜一憂するだけの関係では、真のプロスポーツ集団とは決していえないのです。**文化の担い手としてスポーツは地域にどれくらい貢献できるかを真剣に考え、スポーツの価値を提供するのがプロ**だからです。

地域はプロスポーツチームにその見返りとして、応援という形で恩返しします。応援の仕方もさまざまあるでしょう。試合を観にいくという応援もあれば、場所を提供するという応援もあれば、行政が条例を改正するという応援もあるはずです。スポーツチームはスポーツに関するプロの集団・組織ですから、スポーツの価値を惜しげもなく提供するのです。それが新しいプロのあり方だと私は思います。

それでは企業に対してスポーツは何が提供できるでしょうか。企業の求めているものは、ひとつしかありません。社員のパフォーマンスを高めて、社会的イメージを向上し、継続的に業績を上げること。そのために企業は成り立ち、そこに企業は投資します。スポーツがその企業の求めるものに答えることが重要である現状は、単なる広告宣伝としての役割しかなくギブ&テイクのバランスが悪すぎるのではないかと思います。

スポーツで企業の人財育成が可能です。「フロー」で健康な人財を育てることができます。

そこに役に立つのは応用スポーツ心理学であり、スポーツ医学などスポーツから生まれた実践学なのです。

企業はスポーツのスポンサーによる広告宣伝を求める時代ではなく、今後の高齢化・少子化にともなってますます労働生産人口としても有限資源となっていく人財の心身の強化策のためにスポーツを役立てていくのです。だからこそ、スポーツに企業は大きな投資をするのだと思います。

スポーツチームとその価値を具現化する学問と、その価値を提供される行政と企業が、その価値提供に対して恩返しができるものを Give し合い、みなで「元気・感動・仲間・成長」を共有して、QOLを高める社会を創造していくのです。

ここでいう学問とは、ただ競技力向上のためのスポーツ科学ではなく、スポーツの存在意義、スポーツの社会的提供価値を大学などで考えて社会に活かすという実践スポーツ学のようなイメージです。つまりは、新しい時代の産・官・学・スポーツのギブ&ギブのコラボレーションだと思います。

それができてこそ、スポーツが文化であるという確固たる位置付けを、この日本において築けたことになるのだと思います。

東京オリンピックで日本ができること

2020年を迎える前に

２０２０年の東京オリンピック・パラリンピックに向けて、私たち日本人は何ができるでしょうか。真剣にスポーツの文化的価値の側面から考えなければなりません。

実際に世界中の人たちに日本が何を提示し、提供できるのか不安です。東京オリンピック・パラリンピックを開催する人たちの目的や使命は何なのでしょうか。内外に向けた経済発展などの文明的な意義の発信は、すでに文明先進国の日本においては、かえって時代遅れのような気がします。新しいスポーツの価値観や日本独自の精神性などを、世界中が注目するスポーツの祭典において発信してほしいと切に願います。

日本国内に対してはメディアの影響が多大だと思います。今のメディアは文明の象徴なので、メダルの数だけを気にしています。もしくは、アスリートたちはいかにわれわれと違うのかという苦労話を訴えてきます。スポーツの非日常性への視点が強すぎるのだと思います。スポーツが私たちにどれほど役に立ち身近なものであるかを伝えていくメッセージがあまりに弱いように思います。

オリンピックも人生も上手くいくことよりも、上手くいかないことのほうが日常茶飯事です。それでも人生やスポーツは続きます。メダリストばかりがメディアで注目され、またエンターテイメントの担い手としてテレビ出演するのもいいのかもしれません。しかし、**メダルを取れなかった多くの選手たちの言葉が、私たちには強く響くはず**です。

スポーツの真の価値を知ってもらうためにメディアがすべきこと

文化としてのスポーツのあり方ができ上がればメディアが変わるのか、メディアがスポーツは文化だというあり方を作っていくのか、私にはわかりません。私の願いは、**メディアには勝敗の向こうにあるものに焦点を当てて、多くの方のスポーツの存在意義を新しく生み出していってほしい**ということです。

私はそのためにまず知識を増やすことが必要だと思います。スポーツの真の価値を、知識として少しでも多くの人たちに持ってもらうことです。正解などありませんが、歴史を含めてさまざまな捉え方、考え方そのものを知ることが重要だと思います。

知識があれば、考えることができるようになります。考えることの幅や方向に多様性が生じるということです。それが意識の段階です。意識が変われば行動が変わってきます。

結局は行動がすべてを生み出していくのですが、既存の知識や意識の中で生み出される行動には限界があるといわざるを得ないのです。スポーツのもっと違った新しい側面や視点であったり、本来受け継がれてきた過去からの歴史や伝統をあらためて伝えることと知ることの責任を、みなが果たすべきなのではないでしょうか？

日本の「あり方」を世界に発信

海外に向けての発信は国の仕事なのかもしれません。国がスポーツをどう考えているのか、スポーツを通して国が何をしたいのか、日本固有のスポーツのあり方をどのように理念として持っているのか、その責任はやはり重いと思わざるを得ません。

日本独自の文化を、東京オリンピック・パラリンピックを通じて発信する。たとえば「おもてなし」や「もったない」「ごきげん」という精神です。さらにスポーツに近いところにある日本の精神で、スポーツそのものの文明的暴走に自らが一石を投じるようなメッセージを出してほしいと思います。

「弓と禅」でも取り上げたように、かのスティーブ・ジョブズをはじめ、世界中でそのような日本の精神文化に興味が持たれているのは、今の現代社会の文明至上主義、すなわち勝利至上主義、物質主義に限界と憂いを感じている人たちがたくさんいるということだと私は思います。

日本はこの東京オリンピック・パラリンピックを通じて認知的暴走から脱却するような宣言をしてほしいと心から願っています。**勝つことがすべてなのではない、その向こうにあるものに目を向けるべきだ**と。

日本には剣道や大相撲、あるいは箱根駅伝をはじめ、脈々とその精神を断固たる決意で受け継いできた歴史があります。その歴史を背景に、そもそもイギリス発祥のスポーツもクーベルタン男爵のいうオリンピックも本来は同じで、私たちの人生を心豊かにするための存在なのだと、日本が世界の先導者となって訴えてほしいと思います。メダルの数で存在を主張するのではなく、「あり方」でその存在を世界に発信していくべきだと考えています。さて、みなさんはいかがお考えでしょうか。

日本の「あり方」とは「道」を究めていくことの素晴らしさです。剣道には大会とは別に段位があり「鍛える」精神がある。大相撲には勝敗とは別に品格があり「磨く」文化がある。そして駅伝には順位とは別に襷があり「繋ぐ」思いが存在します。

つまり、自らを鍛え、品格を磨き、思いを繋ぐ。これこそが日本の「あり方」であり、スポーツを通じて日本だからこそ伝えるべき見えない財産なのです。すなわち、これらこそ東京オリンピック・パラリンピックで残すべきレガシーだと私は思います。

POINT

- スポーツを熟知し、その価値を社会に提供できるのがプロのアスリート。プロのアスリートはその競技における成功だけではなく、責任を持って社会にスポーツの価値を伝えることで日本を変えることができる。
- スポーツは行政や企業とタッグを組むことで、新しい文化の創造に繋がる。
- オリンピックではメダルを取れなかった選手たちの言葉こそ私たちに強く響くだろう。勝つことがすべてではなく、「スポーツのあり方」を見つめ直して、勝敗の向こうにあるものをメディアは発信していくべき。
- スポーツが人生を心豊かにするものだと、オリンピック・パラリンピックを通して日本が訴えていくことが大切。

おわりに

みなさん、本書を最後まで読んでいただきありがとうございます。スポーツの素晴らしさを少しでも感じ取ってもらえたでしょうか。スポーツは私たちの人生を豊かにし、私たちに人生という試合の歩み方を伝えてくれる文化なのだと。当初私はこの書籍を現代版の「五輪書」にしたいと考えていました。日本人なら誰でもが知っている剣豪〝宮本武蔵〟の書です。剣の道を通して、行きついた人間の生き方の指南書とでもいうべきものです。天下無双を目指す中で、彼が気付いた人間の原理原則を、晩年になって多くの人に伝えたく執筆したのではないかと思っています。

くしくも五輪といえばオリンピックです。スポーツです。本書はスポーツを通じて学ぶ人生の生き方の書でもあります。私はみなさんにスポーツをお伝えしたかったのではなく、人生のあり方をお伝えしたかったのだと思います。人生のあり方というこの難しい永遠不滅の命題を、スポーツを感じることで少しでも明らかにできるのではないかと思ったからです。

スポーツは文化だというこのメッセージを具体的に発信していくために、「スポーツ・文化フォーラム」を開催しています。スポーツアスリートではなく、文化人といわれる人をゲストに招き「スポーツとは何ぞや!?」を語り合うイベントです。これまでご登壇いただいたゲストの中から、印象的なコメントを紹介したいと思います。

東京・渋谷区の長谷部健区長は**「スポーツとはデポルターレ!」**だと。

原宿文化を世界に広げているアソビシステムの中川悠介社長は**「スポーツとはエンターテイメント!」**だと。

俳優の要潤さんは**「スポーツとは人格形成のひとつである!」**と。

リッツカールトンの元日本支社長で現在は人とホスピタリティ研究所代表の高野登さんは**「スポーツとは、鍛え上げた肉体で人生哲学を具現化する営みである!」**、**「スポーツとは準備をし続ける終わりのない営みである!」**と。

みなさん、それぞれにスポーツをご自身の経験と見識から語っていただき、深みのある対談となりました。文化人の方々から見てもスポーツは魅力的な存在なのだと気付かされました。今後もさまざまな文化人ゲストをお呼びして、日本がスポーツ文化国となるまでこのフォーラムを続けていきたいと思っています。お楽しみに。

さて、みなさんにとってスポーツとは何ですか。本書を読み終えて、改めてみなさんの「スポーツとは○○である」、をお聞かせいただければ幸いです。

最後に本書の編集にあたり多大なるご尽力をいただきました、内外出版社の関根真司さんに心より深謝申し上げます。私のこのスポーツに対する熱い情熱を受け取り、素晴らしい書籍にしていただきありがとうございます。

2017年2月

スポーツドクター　辻秀一

【参考文献】

『イレブンリングス 勝利の真髄』（フィル・ジャクソン、ヒュー・ディールハンティー、スタジオタッククリエイティブ〈編集〉、佐良土茂樹〈訳〉、佐良土賢樹〈訳〉／スタジオタッククリエイティブ）
『相撲よ！』（白鵬翔／角川書店（角川グループパブリッシング））
『スポーツ政策調査研究』（文部科学省／平成23年7月）
『日本の武道』（日本武道館〈編集〉／日本武道館）
『弓と禅』（オイゲン・ヘリゲル、稲富栄次郎〈訳〉、上田武〈訳〉／福村出版）
『ラグビー日本代表ヘッドコーチ エディー・ジョーンズとの対話』（生島淳／文藝春秋）
『練習は不可能を可能にす』（小泉信三、山内慶太〈編集〉、神吉創二〈編集〉／慶應義塾大学出版会）

【注釈】

※1　2016年8月5日の産経ニュースより引用（http://www.sankei.com/rio2016/news/160806/rio1608060032-n1.html）
※2（フィル・ジャクソン氏が参考にしたチベット仏教の祖ペマ・チョドロンの言葉）
※3（フィル・ジャクソン氏が参考にした「禅マインド ビギナーズ・マインド」鈴木俊隆氏の言葉を要約）
※4「ジャクソン・イレブン」の解説は著者による。

辻 秀一（つじ・しゅういち）

スポーツドクター、株式会社エミネクロス代表。

1961年東京生まれ。北海道大学医学部卒業。慶應義塾大学病院内科、慶大スポーツ医学研究センターを経て独立、現在に至る。応用スポーツ心理学とフロー理論を基にした独自のメンタルメソッドは、プロやオリンピックアスリートはもとより、多くの企業が人材育成や風土改革に採用している。講演活動・ワークショップは年間200回以上に及び、経営者、アスリート、音楽家、主婦、OL、教員など、日本はもとより海外からの参加者もいるほど人気を博している。志は「ご機嫌な日本」と「スポーツは文化といえる日本」創り。

37万部突破のベストセラー『スラムダンク勝利学』（集英社インターナショナル）、『自分を「ごきげん」にする方法』（サンマーク出版）、『リーダー1年目からの教科書』（ぱる出版）など著書多数。

辻 秀一 オフィシャルサイト
http://www.doctor-tsuji.com/

PLAY LIFE PLAY SPORTS
スポーツが教えてくれる人生という試合の歩み方

発行日　2017年3月10日　第1刷

著　者　辻 秀一
発行者　清田名人
発行所　株式会社内外出版社
〒110-8578　東京都台東区東上野2-1-11
電話 03-5830-0237（編集部）
電話 03-5830-0368（販売部）
印刷・製本　中央精版印刷株式会社

ISBN 978-4-86257-300-1